Einführung

Was du in dieser Grammatik findest

Das grammatische Beiheft ist keine Grammatik, die alle grammatischen Erscheinungen des Polnischen behandelt. Dafür gibt es ausführliche Grammatikbücher. Der Inhalt ist auch nicht nach den Lektionen des Lehrbuchs geordnet. Was ist dieses Heft dann?

Das Beiheft systematisiert den grammatischen Stoff, den du in den Lektionen selbst, sowie in den grammatischen Kommentaren am Ende jeder Lektion findest. Dort werden die jeweiligen grammatischen Themen im Kontext der Lektion behandelt, beispielsweise wenn die Bildung des Genitivs der maskulinen Substantive in der Lektion zum ersten Mal auftritt. Im grammatischen Beiheft werden dann die einzeln behandelten Deklinations- oder Konjugationstypen im Gesamtzusammenhang gezeigt. Und es werden zusätzliche grammatische Informationen, Regeln und Tipps gegeben, die dir die Bildung und den Gebrauch der Formen erleichtern. Insofern ist das grammatische Beiheft auch unabhängig vom Lehrbuch zum Nachschlagen geeignet. Dabei hilft dir der thematische Index am Ende des Buches.

Die Kapitel sind nach den einzelnen grammatischen Themen systematisch geordnet und in Paragrafen gegliedert. Sooft wie möglich wird auf Übereinstimmungen und vor allem auf Unterschiede zum Deutschen hingewiesen (signalisiert mit Flaggen).

Bei der Einführung neuer Erscheinungen wird an Bekanntes angeknüpft und Neues aus Beispielen abgeleitet.

Wichtige Regeln und Termini, die sich durch die ganze Grammatik ziehen, werden an den entsprechenden Stellen wiederholt.

Bei der notwendigen Beschränkung im Umfang wurde auf Themen verzichtet, die bereits aus der deutschen Grammatik als bekannt vorausgesetzt werden können, vor allem in der Syntax.

Für die Beispiele werden zum besseren Verständnis deutsche Entsprechungen aufgeführt. Die polnischen grammatischen Termini in den einzelnen Paragrafen sind jeweils in Klammern mit aufgeführt, damit du, wenn du in einem polnischen Grammatikbuch nachschlagen willst, das gesuchte Stichwort schneller findest.

Zu Beginn eines neuen Kapitels findest du eine Rubrik „Terminologisches“, in der grundlegende Fakten und Termini zum nachfolgenden Stoff erläutert werden.

Sprache ist ein logisch geordnetes System, auch so genannte Ausnahmen haben ihre Erklärung. Wer mehr wissen will, was hinter einer Endung oder einer Form steckt, der findet dazu an verschiedenen Stellen eine Krone als Zeichen.

Merksätze, die das Erlernen neuer Strukturen erleichtern sollen, sind immer gekennzeichnet.

Ein Ausrufezeichen als Symbol lenkt allgemein die Aufmerksamkeit auf ein konkretes Problem.

Schließlich werden für einige grammatische Konstruktionen Übersetzungstipps gegeben.

Zur Auflockerung des Stoffes sind in manchen Kapiteln Fragen eingestreut. Du erkennst sie an dem großen Fragezeichen.

Die verwendeten Zeichen sind:

- Übereinstimmung zum Deutschen
- Unterschied zum Deutschen
- Wichtige Regeln und Termini
- mehr Wissen für Profis
- Merke!
- Lern-/Übersetzungstipp
- Aufgepasst!
- Frage

Impressum

Projektleitung
Dr. Matthias Kneip (Deutsches Polen-Institut Darmstadt)

Projektinitiative und Koordination
Dr. Roland Jerzewski (Deutsch-Polnischer Koordinator Berliner Schulen), Dr. Matthias Kneip

Herausgeberin
Prof. Dr. Erika Worbs (Johannes Gutenberg-Universität Mainz)

Fachliche Beratung
Dr. Bogdan Sendero

Redaktion
Charlotte Höhn, Stefanie Pietzsch, Natalia Tarabasz, Anna Wankiewicz-Heise

Illustration und Gestaltung
Alexander Weiler (Hünstetten)

Verlag
Universum Verlag GmbH
Taunusstraße 54, 65183 Wiesbaden
www.universum.de
Vertretungsberechtigte:
Geschäftsführer Siegfried Pabst und Frank-Ivo Lube
Handelsregister: Amtsgericht Wiesbaden
Registernummer: 2208
Ust.-IdNr.: DE 250786819

Satz
FREIsign GmbH (Eppstein)

Herstellung
Manfred Morlok (Universum Verlag)

Druck
altmann-druck GmbH (Berlin)

Bildnachweis
Fotolia, Photodisk, Polska Organizacja Turystyczna, Presseamt der Stadtverwaltung Krakau, Renata Szpigiel

1. Auflage, 2009

ISBN 978-3-89869-241-0

Gedruckt mit Unterstützung der Bundesregierung

Gefördert aus Mitteln der Stiftung für deutsch-polnische Zusammenarbeit

FUNDACJA WSPÓŁPRACY POLSKO-NIEMIECKIEJ
STIFTUNG FÜR DEUTSCH-POLNISCHE ZUSAMMENARBEIT

Inhalt

Inhalt

A Laute und Buchstaben

§1 Das polnische Alphabet

Das polnische Alphabet *(alfabet)* zählt 32 Buchstaben. Es verwendet wie das deutsche Alphabet lateinische Schriftzeichen. Da es im Polnischen mehr Laute als lateinische Buchstaben gibt, werden einige Buchstaben mit den diakritischen Zeichen Häkchen, Punkt und Strich geschrieben, um typisch polnische Laute zu bezeichnen:
ś, **ć**, **ź**, **ń**, **ó**, **ł**, **ż**, **ę**, **ą**

Aa	Ąą	Bb	Cc	Ćć	Dd	Ee	Ęę
Ff	Gg	Hh	Ii	Jj	Kk	Ll	Łł
Mm	Nn	Ńń	Oo	Óó	Pp	Rr	Ss
Śś	Tt	Uu	Ww	Yy	Zz	Źź	Żż

Die Buchstaben **u** und **ó** bezeichnen denselben Laut [**u**], also *but* [but] Schuh oder *mów* [muf] sprich!

Die aus dem Deutschen bekannten *q, v, x* kommen nur in einigen Fremdwörtern vor, gewöhnlich werden sie im Polnischen durch *kw, w, ks/gz* wiedergegeben, z. B. *kwartał* Quartal, *waluta* Valuta, *egzamin* Examen, *Aleksander* Alexander.

Für einige polnische Laute werden Buchstabenkombinationen (Ligaturen) verwendet:
sz, **cz**, **dz**, **dź**, **dż**, **rz**, z. B. in *czas* Zeit, *pieniądz* Geld, *miedź* Kupfer, *dżokej* Jockey, *rząd* Reihe, Regierung.

Die Buchstabenkombination **rz** und der Buchstabe **ż** bezeichnen denselben Laut [ʒ] wie in Garage, z. B. in *rzeka* Fluss und *żaba* Frosch, **ch** und **h** ebenfalls, z. B. *Chełm* (Stadt in Ostpolen) und *hełm* Helm.

Weitere häufig vorkommende Buchstabenkombinationen sind **szcz** (aus sz + cz), z. B. *jeszcze* noch, sowie **ść** (ś + ć), z. B. *sześć* sechs.

---

§2 Vokale

1. Überblick

Im Polnischen gibt es sechs Mundvokale sowie zwei nasale Vokale:
- **a**, **e**, **i**, **y**, **o**, **u** (**ó**)
- **ę**, **ą**

Aussprache:
Unterschiede zum Deutschen:
Polnische Vokale *(samogłoski)* werden immer kurz ausgesprochen, es gibt keine Unterscheidung zwischen langen und kurzen Vokalen sowie keine reduzierten Vokale, also
a wie in „All“ (nie wie in „Aal“),
e wie in „Bett“ (nie wie in „Beet“),
i wie in „wir“ (nie wie in „bieten“),
y wie ein kurzes, dumpfes „i“ wie in einigen Gegenden Deutschlands in „bitte“ oder „Tisch“, also ein Laut zwischen dem deutschen kurzen „i“ und kurzem „e“ in „sechs“,
o wie in „offen“ (nie wie in „Ofen“),
u wie in „Null“, „muss“ (nie wie in „Mus“).

Die Vokale werden immer deutlich artikuliert, auch in einer unbetonten Silbe, z. B. **ale** [ale] im Unterschied zum deutschen **bitte** [bitə].

Die Doppellaute (Diphthonge) **eu**, **au**, **ei** werden zwar gebunden, aber nach Lauten deutlich voneinander getrennt ausgesprochen, also „E-uropa“, „a-utomat“.

2. Nasalvokale
Im Polnischen gibt es – als einziger slawischer Sprache – 2 nasale Vokale *(samogłoski nosowe)*: **ę** [ɛ̃] und **ą** [ɔ̃]. Sie werden unterschiedlich ausgesprochen, je nachdem, vor welchem Konsonanten sie stehen:

Stellung im Wort vor …	Aussprache-hinweise	Beispiele
w, **f**, **z**, **s**, **sz**, **ż**, **rz**, **ś**, **ź**, **ch**, **h** (sog. Engelaute)	mit Nasalität: **ą** wie „on" in „Bonbon" **ę** wie „in" in „Bassin"	**mąż** Ehemann, **wąski** eng **język** Sprache, **Wałęsa** Name
b, **p**	**ą** wie „om" in „Bombe" **ę** wie „em" in „Hemd"	**ząb** Zahn, **skąpy** geizig **zęby** Zähne, **tępy** stumpf
d, **t**, **dz**, **c**, **dż**, **cz**	**ą** wie „on" in „Sonde" **ę** wie „en" in „Wende"	**rząd** Reihe, **piątek** Freitag **prędko** schnell, **więc** also
dź, **ć**	**ą** wie poln. **oń** **ę** wie poln. **eń**	**bądź!** sei!, **zacząć** beginnen **narzędzie** Werkzeug, **pięć** fünf
g, **k**	**ą** wie [oŋ] in „Onkel" **ę** wie [eŋ] in „Enkel"	**okrągły** rund, **mąka** Mehl **tęgi** dick, **ręka** Hand
l, **ł**	ohne Nasalität: **ą** wie „o" **ę** wie „e"	**wziął** er nahm, **zaczął** er begann **wzięli** sie nahmen, **zaczęli** sie begannen
Stellung am Wortende		
ą **ę**	nasal wie „o" in „Bonbon" wie „e"	**czytają** sie lesen **proszę** bitte

§3 Konsonanten

1.Überblick
Die meisten polnischen Konsonanten *(spółgłoski)*, wie **p**, **b**, **t**, **d**, **k**, **g**, **f**, **w**, **m**, **n**, **l** und **j**, stimmen mit dem Deutschen lautlich überein. Dabei unterscheiden sich einige Konsonanten im Schriftbild.

In der Aussprache fremd sind für deutsche Lerner die weichen Konsonanten **ć**, **ś**, **ź**, **dź**, **ń**. Sie haben keine Entsprechung im Deutschen und sind daher nur annähernd mit deutschen Lauten zu vergleichen.

Die folgende Tabelle zeigt wichtige Übereinstimmungen und Abweichungen im Vergleich mit dem Deutschen:

Zeichen & Laute	Aussprachehinweise	Beispiele
c	entspricht dem dt. „z" wie in „Zunge", „Ziel"	**cel** Ziel, **co** was
ch/h [x]	wie im dt. „ch" im dt. „Ach"-Laut in „kochen" und nicht wie im dt. „Ich"-Laut in „kichern"; **h** ist im Polnischen niemals ein Dehnungszeichen.	**chata** Hütte, **chleb** Brot, **bohater** Held, **herbata** Tee
ć/ci [tɕ]	wie **t** + **ś**, dt. ungefähr „tch" in „Kettchen", „Mädchen"	**sieć** Netz, **ciało** Körper
cz [tʃ]	entspricht dem dt. „tsch" in „tschüss", „rutschen"	**czas** Zeit, **Czech** Tscheche
dz [dz]	vergleichbar der dt. Verbindung von „d" + stimmhaftem „s"	**pieniądze** Geld, **bardzo** sehr
dź/dzi [dʑ]	keine dt. Entsprechung	**dzień** Tag, **dźwig** Kran
dż [dʒ]	Verbindung aus „d" + „ż" wie in Jockey, Dschungel	**dżokej** Jockey, **dżungla** Dschungel
ł [w]	wie im Englischen „w" in „what", „water"	**Wałęsa** Name, **ładny** schön
ń/ni [ɲ]	keine dt. Entsprechung, wie in „Kognak"	**koń** [koɲ] Pferd, **nie** nein
r [r]	immer (auch am Wortende!) ein gerolltes Zungenspitzen-"r" (kein dt. Zäpfchen-"r")	**rada** Rat, **chór** Chor, **motor** Motor
rz/ż [ʒ]	nie wie dt. „r" + „z" in dt. kurz! Stimmhafte Entsprechung zu **sz**: wie „g" in „Genie", „Garage" oder „j" in Journal.	**rzeka** Fluss, **żurnal** Journal

Laute und Buchstaben

! Die Bestandteile der Konsonantenkombinationen **szcz** und **ść** werden getrennt voneinander artikuliert **sz** + **cz**, **ś** + **ć**.

Polnisches **s** + **i** und **z** + **i** werden nie wie die deutsche Kombination **si** in *sicher* oder **zi** in *Zimmer* ausgesprochen.

Die Konsonantenkombinationen **sch** und **ck** stimmen im Schriftbild zwar mit dem Deutschen überein, werden aber unterschiedlich ausgesprochen: **sch** getrennt als **s** + **ch**, z. B. in *s-chematyczny* schematisch, **ck** wie **c** + **k** in *Potocki* (poto**zk**i) (polnischer Familienname).

Zeichen & Laute	Ausspracheinweise	Beispiele
s [s]	entspricht dem dt. stimmlosen „s" wie in „heißen". **s** ist auch am Wortanfang immer stimmlos	**samochód** Auto, **sala** Saal, **klasa** Klasse
ś/si [ɕ]	zwischen dt. „ch" in „ich" und dt. „ß" in „weiß", etwa wie in „Küche"	**Śląsk** Schlesien, **się** sich
sz [ʃ]	entspricht dem dt. „sch" in „Schule"	**szkoła** Schule, **Warszawa** Warschau
z [z]	entspricht dem dt. stimmhaften „s" wie in „Rasen", „sofort"	**zadanie** Aufgabe, **wazon** Vase
ź/zi [ʑ]	ist die stimmhafte Entsprechung zu **ś**, ein Laut zw. stimmhaftem „s" und „j"	**źle** [ʑlɛ] schlecht, **ziemia** Erde
ż [ʒ]	wird wie **rz** ausgesprochen	**żaba** Frosch

---

2. Stimmhafte und stimmlose Konsonanten

Wie im Deutschen unterteilen wir die Konsonanten *(spółgłoski)* in stimmhafte *(dźwięczne)* und stimmlose *(bezdźwięczne)* Konsonanten. Die Aussprache der Konsonanten hängt davon ab, in welcher lautlichen Umgebung sie stehen.

a) *Stimmhafte* Konsonanten werden im Auslaut *stimmlos* gesprochen:
*leka***rz** [lekasz] Arzt
*zą***b** [zomp] Zahn
*ogró***d** [ogrut] Garten
*Bó***g** [buk] Gott

b) Wenn in einer Konsonantenhäufung im Wort der letzte Konsonant *stimmlos* ist, dann wird die ganze Konsonantengruppe *stimmlos* ausgesprochen:
*po***dcz***as* [potczas] während
*ba***bk***a* [bapka] Großmutter
*ła***wk***a* [łafka] Bank

c) Ist der *letzte* Konsonant einer Konsonantenhäufung im Wort *stimmhaft*, so werden die *vorhergehenden stimmlosen* Konsonanten auch *stimmhaft* gesprochen: *pro***śb***a* [prozba] Bitte, *ta***kż***e* [tagże] auch, *li***czb***a* [lidżba] Zahl.

Eine solche Beeinflussung des nachfolgenden Lautes auf den vorhergehenden nennt man regressive Assimilation.

d) Doppelkonsonanten treten im Polnischen seltener auf als im Deutschen und werden meist als ein langer Laut realisiert: *Anna* [An:a], *lekki* [lek:i] leicht. Diese Länge kann Wörtern unterschiedliche Bedeutung geben, z. B. *leki* Medikamente, *lekki* leicht; *ranny* verletzt, *rany* Wunden.

e) Der Laut **ł** wird nach und zwischen Konsonanten nicht gesprochen:
szedł [szet] er ging
jabłko [japko] Apfel

f) Einige Konsonantengruppen werden in der Aussprache vereinfacht, dazu gehört die Aussprache der Gruppe -**wski** bei Adjektiven als -**ski**: *warszawski* [warsz**aski**] Warschauer, *krakowski* [krak**oski**] Krakauer.

3. Harte, weiche und historisch weiche Konsonanten

Im Polnischen gibt es neben der Unterscheidung stimmhafter und stimmloser Konsonanten die Unterscheidung in harte, weiche (palatale*) sowie historisch weiche Konsonanten (*spółgłoski twarde*, *miękkie*, *i historycznie miękkie*).

*__Palatal__ kommt von **palatum** Gaumen und bedeutet, dass diese Laute am Gaumen gebildet werden, indem der Zungenrücken fest gegen den Gaumen gedrückt wird.

! Von der Unterscheidung ***hart, weich*** oder ***historisch weich*** hängt es ab, welche Deklinations- oder Konjugationsendungen verwendet werden!

Harte Konsonanten	Weiche (palatale) Konsonanten	Historisch weiche Konsonanten
p, b, f, w, m, t, d, s, z, n, r, ł, k, g, ch, h	ś, ć, dź, ź, ń, l, j	cz, ż, rz, dż, dz, c, sz

*__Historisch weiche__ Konsonanten waren historisch gesehen einmal **weich.** Sie **funktionieren** heute in Deklination und Konjugation wie **harte** Konsonanten, haben aber noch einige Merkmale **weicher** Konsonanten behalten. Daher heißen sie manchmal auch **funktional weiche Konsonanten.**

! Nach ***historisch weichen*** Konsonanten steht nie ein **i**, sondern immer **y**!

Die *weichen* Konsonanten **ś**, **ć**, **ź**, **dź**, **ń** werden nur vor *Konsonanten* und am *Wortende* mit dem diakritischen Zeichen geschrieben: *wolność* Freiheit, *ktoś* jemand, *koń* Pferd. Vor *Vokalen* (außer **i**) schreiben wir den Grundbuchstaben + **i: si**, **ci**, **dzi**, **zi**, **ni**: **ci***ało* Körper, **si***ę* sich, **ni***e* nein.

Das **i** vor Vokalen ist nur das orthografische Zeichen für die Weichheit des vorhergehenden Konsonanten und wird nicht als **i** ausgesprochen (z. B. *ciało* Körper, *ciebie, cię* dich, *ciągle* ständig). Ist der auf einen weichen Konsonanten folgende Vokal aber ein **i** wie in **ci***cho* still, **zi***mny* kalt, wird die Weichheit des vorhergehenden Konsonanten nicht gesondert durch ein zweites **i** dargestellt.

Harte Konsonanten können durch ein nachfolgendes **i** erweicht (palatalisiert) werden. Diese *erweichten* oder palatalisierten *(zmiękczone)* Konsonanten stehen nur vor Vokalen (außer **i**) und werden durch den Grundbuchstaben + **i** gekennzeichnet: **bi***ały* weiß, **mi***asto* Stadt, **ki***edy* wann, **pi***es* Hund. Vor **i** erfolgt wie bei den weichen Konsonanten keine gesonderte Kennzeichnung der Erweichung: **mi***ły lieb*, *wyso***ki** hoch, *dro***gi** teuer.

Position im Wort	palatale Konsonanten	palatalisierte Konsonanten
am Wortende und vor ...	ś, ć, dź, ź, ń	
vor Vokalen (außer **i**)	si, ci, dzi, zi, ni	pi, bi, fi, wi, mi, di, si, ki, gi, hi (chi)
vor **i**	s, c, dz, z, n	

---

§4 Lautwechsel

Polnisch ist eine Sprache mit stark ausgebauter Deklination und Konjugation. Beachten muss man neben der Wahl der richtigen Endung vor allem die Veränderungen im Auslaut des Wortstamms, also vor der Endung. Dieser Lautwechsel *(alternacja głoskowa)* ist im Polnischen sehr vielfältig. Wir unterscheiden dabei den Konsonantenwechsel und den Vokalwechsel.

Der Lautwechsel erfolgt nach bestimmten Regeln. Dazu drei Tipps:

1. Merke dir die Regeln des Lautwechsels gut, sie sind die Voraussetzung für die richtige Bildung vieler Deklinations- und Konjugationsformen. Aber Achtung! Nicht immer ergibt der Wechsel eines Konsonanten in der Deklination oder Konjugation das gleiche Ergebnis!

2. Achte bei der Deklination der Substantive mit hartem Stammauslaut auf Kasus mit der Endung -**e** oder -**i**! Das kann ein erster Hinweis darauf sein, dass es im Wortstamm zum Konsonantenwechsel und bei -**e** nicht selten auch zum Vokalwechsel kommt.
Das geschieht vor allem im Lokativ Singular und Nominativ Plural der maskulinen Personenbezeichnungen und bei den Feminina im Dativ / Lokativ Singular.

3. Achte auf einen Stammauslaut auf -**k**- und -**g**-: Nach beiden Konsonanten kann niemals -**y** stehen, sondern immer -**i**, z. B. *wysok***i** hoch, *plecak***i** Rucksäcke.

---

1. Konsonantenwechsel

Der Konsonantenwechsel *(alternacja spółgłoskowa)* im Polnischen betrifft in erster Linie harte Konsonanten, die unter dem Einfluss einer Endung mit -**e** bzw. -**i** mit einem weichen oder historisch weichen Konsonanten wechseln. Er kommt in allen flektierbaren Wortarten sowie in der Wortbildung vor. Dabei können die Ergebnisse des Lautwechsels in Deklination und Konjugation sowie in der Wortbildung verschieden sein.

Wir unterscheiden bei den Konsonanten folgende Lautwechsel:

hart	>	weich
hart	>	historisch weich
weich	>	historisch weich
historisch weich	>	hart

Hier die Übersicht über die verschiedenen Konsonanten:

harte Konsonanten	weiche Konsonanten		historisch weiche Konsonanten
	palatal	palatalisiert	
p, b, f, w, m, t, d, s, z, n, r, ł, k, g, ch, h	ś, ć, dź, ź, ń, l, j	pi, bi, fi, wi, mi, di, si, ki, gi ,hi	cz, ż, rz, dż, dz, c, sz

a) Wechsel zwischen hartem und weichem Konsonanten

Das Ergebnis des Konsonantenwechsels kann in Deklination und Konjugation übereinstimmen, aber auch variieren:

Lautwechsel in Deklination und Konjugation

harter	> weicher Konsonant
p > pi	**chłop** Bauer > **o chłopie**; **tępy** dumm > **tępi**
b > bi	**ryba** Fisch > **rybie**; **gruby** dick > **grubi**
m > mi	**mama** Mama > **mamie**; **znajomy** bekannt > **znajomi**
n > ń/ni	**biegnę** laufen > **biegniesz**; **ładny** hübsch > **ładni**
d > dź/dzi	**moda** Mode > **modzie**; **młody** jung > **młodzi**
s > ś/si	**niosę** tragen > **niesiesz**, **kasa** Kasse > **kasie**
t > ć/ci	**kot** Katze > **kocie**; **bogaty** reich > **bogaci**
ł > l	**szkoła** Schule > **szkole**; **mały** klein > **mali**
z > ź/zi	**wiozę** fahren > **wieziesz**; **koza** Ziege > **kozie**

Lautwechsel nur in der Deklination

harter	> weicher Konsonant
zd > źdź/ździ	**gniazdo** Nest > **gnieździe**
st > ść/ści	**miasto** Stadt > **mieście**; **prosty** einfach > **prości**
ch > ś/si	**mnich** Mönch > **mnisi**; **głuchy** taub > **głusi**
f > fi	**szafa** Schrank > **szafie**
w > wi	**trawa** Gras > **w trawie**

b) Wechsel zwischen hartem und historisch weichem bzw. historisch weichem und hartem Konsonanten

in Deklination und Konjugation

harter > historisch weicher Konsonant	
r > rz	**bar** Bar > **w barze**
g > ż	**mogę** können > **możesz**
historisch weicher > harter Konsonant	
rz > r	**dworzec** Bahnhof > **dworca**
	trzeć reiben > **trę**

nur in der Deklination

harter > historisch weicher Konsonant	
k > c	**ręka** Hand > **ręce**
g > dz	**noga** Bein > **nodze**
ch > sz	**mucha** Fliege > **musze**

nur in der Konjugation

harter > historisch weicher Konsonant	
zd > żdż	**gwizdać** pfeifen > **gwiżdżę**
sk > szcz	**głaskać** streicheln > **głaszczę**
k > cz	**płakać** weinen > **płaczę**

c) Wechsel zwischen weichem und historisch weichem Konsonanten

Der Wechsel zwischen *weichem* und *historisch weichem* Konsonanten kommt nur in der Konjugation vor:

weicher > historisch weicher Konsonant	
ć/ci > c	**płacić** zahlen > **płacę**
dź/dzi > dz	**chodzić** gehen > **chodzę**
ś/si > sz	**prosić** bitten > **proszę**
ź/zi > ż	**grozić** drohen > **grożę**
ść/ści > szcz	**gościć** zu Gast sein > **goszczę**
źdź/ździ > żdż	**jeździć** fahren > **jeżdżę**

d) Wechsel zwischen historisch weichem und weichem Konsonanten

nur in der adjektivischen Deklination

historisch weicher > weicher Konsonant	
sz > ś/si	**lepszy** bessere > **lepsi**
ż > ź/zi	**duży** groß > **duzi**

e) Wechsel zwischen zwei historisch weichen Konsonanten

nur in der substantivischen Deklination

historisch weicher > historisch weicher Konsonant	
c > cz	**chłopiec** Junge > **chłopcze**
dz > ż	**ksiądz** Pfarrer > **księża**

---

2. Vokalwechsel

Der Vokalwechsel *(alternacja samogłoskowa)* kann *qualitativ* und *quantitativ* sein:

a) Qualitativer Vokalwechsel:

ó > o *ogród* Garten > ogrodu
ą > ę *rząd* Reihe > *rzędu*
aber: *rząd* Regierung > *rządu*
o > e *niosę* tragen > *niesiesz*
a > e *miasto* Stadt > *w mieście*

b) Quantitativer Vokalwechsel:

Hier wechselt die Anzahl der Vokale:

e > ø Der Vokal **-e** fällt weg (sog. „flüchtiges e“).
ø signalisiert das Fehlen eines Vokals:
*pi**e**s* Hund > *psa*
*ojci**e**c* Vater > *ojca*

ø > e Der Vokal **-e** wird zwischen zwei Konsonanten des Wortstamms eingeschoben. Dieser Wechsel wird durch die Nullendung **ø** in der Deklination im Genitiv Plural verursacht:
matka Mutter > *mat**e**k*
jajko Ei > *jaj**e**k*
wojna Krieg > *woj**e**n*

Laute und Buchstaben

§5 Wortakzent

In der Regel wird im Polnischen die *vorletzte* Silbe des Wortes betont, z. B. *dw**o**-rzec* Bahnhof, *lis-t**o**-pad* November, *u-ro-dz**i**-ny* Geburtstag.

Das gilt auch, wenn sich die Anzahl der Wortsilben bei der Bildung anderer grammatischer Formen ändert, z. B. durch Hinzufügen von Endungen oder Präfixen.

Abweichend von dieser Grundregel kann der Wortakzent *(akcent wyrazowy)* auf der drittletzten Silbe liegen, und zwar
- bei einigen wenigen Wörtern fremder Herkunft, z. B. *uni-w**e**r-sy-tet* Universität, *m**i**-ni-mum*,
- bei allen Fremdwörtern, die auf **-yka** bzw. **-ika** auslauten, z. B. *ma-te-m**a**-ty-ka, gra-m**a**-ty-ka, f**i**-zy-ka, m**u**-zy-ka* usw.
  Allerdings hört man in der Alltagssprache immer häufiger auch die Betonung auf der vorletzten Silbe.
- bei den Hunderterreihen der Zahlwörter, z. B. *czt**e**-ry-sta* vierhundert, *si**e**-dem-set* siebenhundert, *dzi**e**-więć-set* neunhundert.
- Auch bei grammatischen Formen des Verbs, bei denen sich die Anzahl der Silben vergrößert, bleibt der Akzent wie in der Ausgangsform, z. B. *czy-t**a**-li* sie lasen, *czy-t**a**-li-śmy* wir lasen, *prze-czy-t**a**-li-by-śmy* wir würden durchgelesen haben.

! Hier gilt eine Betonung auf der vorletzten Silbe als stilistisch schlechter.

---

§6 Groß- und Kleinschreibung

Im Unterschied zum Deutschen werden im Polnischen die Wörter im Satzinnern mit kleinem Anfangsbuchstaben geschrieben. Nur am Satzanfang beginnt man mit einem Großbuchstaben:
Jestem w domu. Ich bin zu Hause.
Marek jest studentem. Marek ist Student.

Es gibt jedoch viele Fälle, in denen Großbuchstaben verwendet werden.

1. Großschreibung

Großgeschrieben werden u. a.
- die schriftliche Anrede in Briefen und entsprechende Personalpronomen:
  Odpowiadam na Twój list.
  Ich antworte auf Deinen Brief.
  Szanowny Panie Profesorze, Kolego, Dyrektorze ...
  Sehr geehrter Herr Professor, Kollege, Direktor ...
- Eigennamen wie *Polska*, *Stefan*, *Kraków*.
  Auch die Bezeichnungen der Nationalitäten und Bewohner von Ländern und Provinzen:
  Polak Pole, *Europejczyk* Europäer, *Mazowszanin* Masowier, *Bawarczyk* Bayer

! Achtung! Die Namen der Bewohner von Städten werden mit kleinem Anfangsbuchstaben geschrieben.

- geografische Namen wie *Węgry* Ungarn, *Dolny Śląsk* Niederschlesien, *Tatry Wysokie* Hohe Tatra, *Morskie Oko* wörtl. „Meeresauge", der Name eines kreisrunden Bergsees in der Hohen Tatra
- Feiertage: *Boże Narodzenie* Weihnachten, *Wszystkich Świętych* Allerheiligen, *Święto Niepodległości* polnischer Unabhängigkeitstag am 11. November
- Namen von Wettbewerben, Veranstaltungen, Musikgruppen: *Wielka Orkiestra Świątecznej Pomocy* wörtl. „Das große Orchester für Weihnachtshilfe", eine populäre polnische Wohltätigkeitsorganisation, *Ich Troje* – der Name einer Pop-Band
- Zeitungs- und Zeitschriftentitel: *Wprost, Rzeczpospolita*; bei mehrgliedrigen Titeln werden alle Wörter groß geschrieben: *Gazeta Wyborcza, Tygodnik Powszechny*

- nur das erste Wort in Titeln von Büchern, Filmen, Kunstwerken usw.: *Słownik języka polskiego* Wörterbuch der polnischen Sprache, *Noce i dnie* „Nächte und Tage“, ein Roman von Maria Dąbrowska
- Institutionen, Organisationen, Schulen u. a. *Szkoła Podstawowa im. Marii Konopnickiej* Maria-Konopnicka-Grundschule, *Uniwersytet Łódzki* Universität Łódź, *Muzeum Powstania Warszawskiego* Museum des Warschauer Aufstands

In Namen von Straßen, Plätzen oder Gebäuden, die mit *ulica* Straße, *plac* Platz, *pałac* Palais, *kościół* Kirche usw. beginnen, werden diese Wörter *kleingeschrieben*, die nachfolgenden Bezeichnungen hingegen *groß*: **ul. (=ulica)** *Krakowskie Przedmieście,* **al. (=aleja)** *Jana Pawła II,* **plac** *Trzech Krzyży,* **kościół** *Mariacki,* **kolumna** *Zygmunta*.

2. Kleinschreibung

Kleingeschrieben werden u. a. Namen für

- Einwohner von Städten und Dörfern, Angehörige einer politischen Partei oder einer religiösen Vereinigung: *warszawiak* Warschauer, *berlińczyk* Berliner, *chrześcijanin* Christ, *brandenburczyk* Brandenburger, Einwohner der Stadt Brandenburg
- Währungen: *złoty, marka, dolar, grosz, euro*
- Bräuche: *andrzejki* Andreas-Tag, *dożynki* Erntefest, *mikołajki* Nikolaustag, *śmigus-dyngus* Ostermontagsbrauch, *walentynki* Valentinstag
- historische Ereignisse: *bitwa grunwaldzka* Schlacht bei Tannenberg, *druga wojna światowa* Zweiter Weltkrieg
- polnische Verwaltungseinheiten wie *województwo mazowieckie* Wojewodschaft Masowien, *gmina warszawska* Gemeinde Warschau
- wissenschaftliche Titel: *magister, doktor, profesor, licencjat*

B Substantive

§7

§7 Terminologisches zum Substantiv

In diesem Kapitel geht es um die Flexion der Substantive, genauer gesagt, um die Deklination. Unter **Flexion** *(fleksja, odmiana)* versteht man die Veränderung der Wörter durch Deklination *(deklinacja)* und Konjugation *(koniugacja)*. Nicht alle Wörter werden flektiert:

Wortarten, die flektiert werden		**Wortarten, die unveränderlich sind**
Deklination **deklinacja**	**Konjugation** **koniugacja**	
Substantiv **rzeczownik**	Verb **czasownik**	Präposition **przyimek**
Adjektiv **przymiotnik**		Konjunktion **spójnik**
Pronomen **zaimek**		Partikel **partykuła**
Numerale **liczebnik**		Interjektion **wykrzyknik**

! In der polnischen Grammatik bevorzugt man allgemein die polnischen Begriffe wie *odmiana* für Flexion, *przypadek* (wörtl. Fall) für Kasus, *rodzaj* Geschlecht für Genus, *liczba* (Zahl) für Numerus oder *składnia* für Syntax. Die Kasus werden durchgängig mit polnischer Terminologie benannt.

Eine Verstehenshilfe für die polnischen grammatischen Termini ist die deutsche Übersetzung:
rzeczownik v. *rzecz* Ding = Dingwort
czasownik v. *czas* Zeit = Zeitwort
przymiotnik v. *przymiot* Eigenschaft = Eigenschaftswort
liczebnik v. *liczba* Zahl = Zahlwort

Damit Deklination und Konjugation besser verständlich sind, hier einige Grundbegriffe:

Abhängiger (obliquer) Kasus *(przypadek zależny)*

Von einem *abhängigen* Kasus spricht man, wenn dieser von einem Verb oder einer Präposition abhängt. Das sind alle Kasus im Polnischen außer dem *Nominativ* und *Vokativ*.

Pluraletantum, Singularetantum *(plurale tantum, singulare tantum)*

(Mehrzahl: Pluraliatantum, Singulariatantum)
Es gibt Substantive, die nur in einem Numerus vorkommen: entweder nur im Plural, dann sprechen wir von einem *Pluraletantum*, wie *Alpy* die Alpen, *drzwi* Tür, oder nur im Singular, dann sprechen wir von einem *Singularetantum*, z. B. *złoto* Gold, *żelazo* Eisen.

Wort-, Flexionsstamm *(temat fleksyjny)*

Der Wortstamm ist der Teil des Wortes, der nach Abtrennen der Deklinations- oder Konjugationsendung übrig bleibt:
czas-*u*, **czas**-*y*, **czas**-*ami*; **okn**-*o*, **okn**-*a*, **okn**-*em*; **pisz**-*ę*, **pisz**-*esz*, **pisz**-*ecie*

Zum Wortstamm können auch *Präfixe* und *Suffixe* gehören: Präfixe stehen am Wortanfang, Suffixe am Wortende vor der Flexionsendung.

pod-*pisz*-*ę*	**Präfix** + Stamm + Endung
prac-**owa**-*ć*	Stamm + **Suffix** + Endung
na-*ucz*-*y*-**ciel**-*a*	**Präfix** + Stamm + Suffix + Endung

Flexionsendung *(końcówka fleksyjna)*

Die Endung ist der Teil des Wortes, der nach Abtrennung des Wortstamms übrig bleibt. Die Endung zeigt uns, in welchem Kasus das Wort steht, z. B. zeigt -**em** in okn-**em** an, dass das Wort im Instrumental Singular steht.

Nullendung ø *(końcówka zerowa)*

Einige Deklinations- und Konjugationsformen haben keine sichtbare Endung, hier zeigt gerade das Fehlen einer Endung den Kasus oder die Person an, z. B. *żab* (Genitiv Plural von *żaba* Frosch), *słów* (Genitiv Plural von *słowo* Wort).

Eigennamen *(imiona własne)* und Gattungsnamen *(rzeczowniki pospolite)*

? Vergleiche die folgenden Substantive und versuche herauszufinden, wodurch sich ihre Bedeutungen unterscheiden:

Ewa Eva, *kot* Katze, *człowiek* Mensch, *drzewo* Baum, *dziecko* Kind, *okno* Fenster, *polityka* Politik, *Kowalski* Nachname, *Bałtyk* Ostsee, *żaba* Frosch, *Kraków* Krakau

Hier sieht man: Es gibt Substantive, die Eigennamen sind und großgeschrieben werden, und es gibt Substantive, die Personen, konkrete Dinge und abstrakte Erscheinungen bezeichnen, die kleingeschrieben werden.

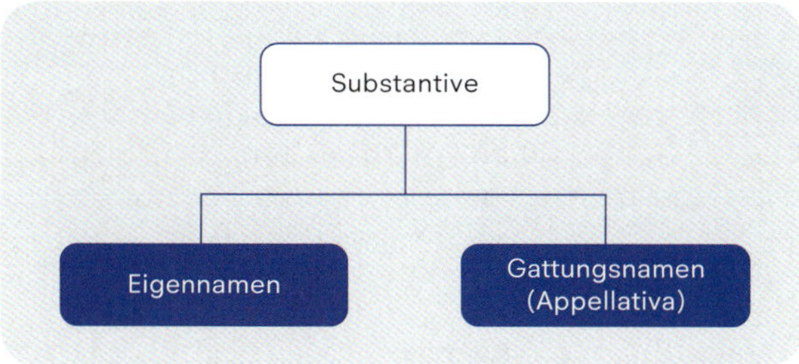

Eigennamen bezeichnen individuelle Personen, Gegenstände usw. wie die Personennamen *Agnieszka*, *Ewa*, *Kowalski*, *Nowak*,
die geografischen Namen *Kraków*, *Bałtyk*,
die Zeitungstitel *Polityka* oder *Przyjaciółka*.

Gattungsnamen bezeichnen ganze Klassen von Personen, Gegenständen usw. wie
człowiek Mensch, *kot* Katze, *żaba* Frosch,
dziecko Kind, *morze* Meer, *polityka* Politik,
przyjaciółka Freundin, *drzewo* Baum.

---

§8 Deklination der Substantive

1. Genus

Die polnische Sprache kennt wie das Deutsche drei Genera *(rodzaje)*: Maskulinum *(rodzaj męski)* (m), Femininum *(rodzaj żeński)* (f) und Neutrum *(rodzaj nijaki)* (n).

In der polnischen Grammatik wird das Maskulinum noch weiter differenziert in *personal-maskulines* Genus *(rodzaj męskoosobowy)*, zu dem maskuline Personenbezeichnungen gehören, *belebt-maskulines* Genus *(rodzaj męskożywotny* bzw. *męskozwierzęcy)*, d.h. belebte Maskulina (Lebewesen) mit Ausnahme männlicher Personen, und *unbelebt-maskulines* Genus *(rodzaj męskonieżywotny)*, das Gegenstände und Erscheinungen umfasst.

Diese Untergliederung ist vor allem für die Deklinationsendungen der Maskulina im Akkusativ Singular und Plural sowie im Nominativ Plural von Bedeutung. Das folgende Schema verdeutlicht die Differenzierung des maskulinen Genus und zeigt zugleich die Aufteilung in Personal- und Sachform im Plural:

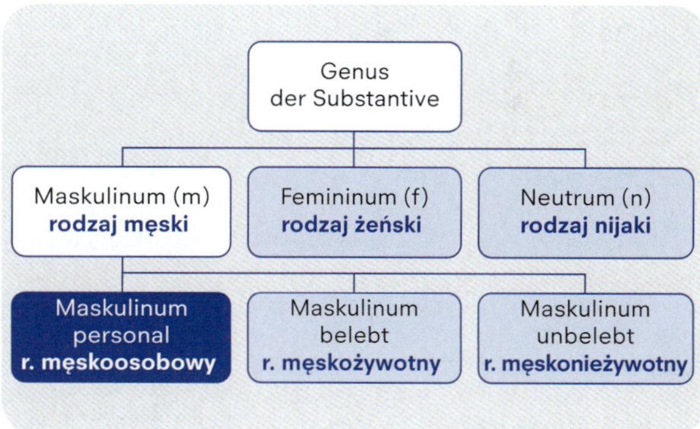

Im Plural wird in der Deklination nur noch zwischen der *Personalform* und der *Sachform* unterschieden.

Zur **Personalform** (im Schema der dunkelblaue Kasten) gehören alle *männlichen Personenbezeichnungen* (Personalmaskulina) wie *ojciec* Vater, *uczeń* Schüler, *nauczyciel* Lehrer, *poeta* Dichter, *dziadek* Opa oder *chłopiec* Junge. Die Personalform der Maskulina hat im Nominativ Plural eigene Endungen und im Akkusativ die gleiche Endung wie im Genitiv.

Substantive

Zur **Sachform** (im Schema die vier hellblauen Kästen) gehören alle übrigen Substantive:
- alle *weiblichen und sächlichen Personenbezeichnungen* wie *matka* Mutter, *dziewczyna* Mädchen, *kobieta* Frau, *dziecko* Kind
- *männliche, weibliche, sächliche Tierbezeichnungen* wie *pies* Hund, *koń* Pferd, *zwierzę* Tier
- alle *unbelebten männlichen, weiblichen* und *sächlichen Substantive* wie *dworzec* Bahnhof, *długopis* Kugelschreiber, *książka* Buch, *drzewo* Baum

Alle Begleitwörter der Substantive wie Pronomen, Adjektive, Numeralia sowie Verben unterscheiden im Plural auch zwischen Personal- und Sachform!

---

2. Kasus

Im Polnischen gibt es sieben Kasus *(przypadki)*:

Kasus	Frage	Beispiel
mianownik Nominativ (Nom)	**kto? co?** wer? was?	**To jest moja koleżanka.** Das ist meine Freundin.
dopełniacz Genitiv (Gen)	**kogo? czego?** wessen?	**To jest dom mojej koleżanki.** Das ist das Haus meiner Freundin.
celownik Dativ (Dat)	**komu? czemu?** wem?	**Daję to mojej koleżance.** Ich gebe das meiner Freundin.
biernik Akkusativ (Akk)	**kogo? co?** wen? was?	**Widzę moją koleżankę.** Ich sehe meine Freundin.
narzędnik Instrumental (Instr)	**(z) kim? (z) czym?** mit wem? womit?	**Spaceruję z moją koleżanką.** Ich gehe mit meiner Freundin spazieren.
miejscownik Lokativ (Lok)	**o kim? o czym?** über wen? worüber?	**Mówię o mojej koleżance.** Ich spreche über meine Freundin.
wołacz Vokativ (Vok)	–	**Moja koleżanko!** Meine Freundin!

Der *Vokativ* tritt nur im Singular als selbständiger Kasus mit eigener Endung auf, im Plural wird in der Anrede der Nominativ verwendet.
Der *Lokativ* tritt nur mit Präpositionen (*w, na, o*) auf, daher wird er mitunter auch *Präpositiv* genannt.

---

3. Deklinationsklassen

Die polnischen Substantive werden nach dem Genus in drei Deklinationsklassen eingeteilt.

Ob ein Substantiv zum Maskulinum, Femininum oder Neutrum gehört, erkennt man im Polnischen an der Endung im Nominativ Singular. Bestimmte oder unbestimmte Artikel als Kennzeichen des Genus wie im Deutschen gibt es im Polnischen nicht.

Maskulinum (m)	Femininum (f)	Neutrum (n)
-ø*, (Konsonant) -a -o	-a -i -ø*, (Konsonant)	-o -e -ę -um
hotel Hotel **uczeń** Schüler **kolega** Freund, Kollege **wujcio** Onkel[chen] **tato** Papa	**gazeta** Zeitung **Niemka** die Deutsche **kuchnia** Küche **pani** Frau **narodowość** Nationalität	**okno** Fenster **mieszkanie** Wohnung **morze** Meer **imię** Name **gimnazjum** Gymnasium

*Das Zeichen ø bezeichnet das Fehlen einer Endung, also eine „Null-Endung". Das, was im Nominativ wie eine konsonantische Endung aussieht, ist eigentlich der Stammauslaut. Nachfolgend bezeichnen wir jedoch diese Fälle immer als *konsonantische Endung, Konsonant* bzw. *endungslos*.

! Substantive, die männliche Personen bezeichnen, sind unabhängig von der Endung des Substantivs immer Maskulina. Daher gehören auch Substantive auf -**a** und -**o** (*kolega, wujcio*), die männliche Personen bezeichnen, zu den Personalmaskulina.

Deklinationsendungen der Substantive im Überblick

Bei der Wahl der jeweiligen Deklinationsendung *(końcówka deklinacyjna)* spielt die lautliche Qualität des Stammauslauts (harter, weicher, historisch weicher Konsonant) eine wesentliche Rolle.

Weiche Konsonanten sind **ć**, **dź**, **ź**, **ś**, **ń**. Historisch weiche Konsonanten sind **dz**, **dż**, **rz**, **ż**, **c**, **cz**, **sz**.

Singular (Sg)

	Maskulinum	Femininum	Neutrum
Nom	Konsonant, -a, -o	-a, -i, Konsonant	-o, -e, -ę, -um
Gen	-a, -u	-i, -y	-a
Dat	-owi, -u	-e, -i, -y	-u
Akk	Konsonant, -a	-ę, Konsonant	-o, -e, -ę, -um
Instr	-em	-ą	-em
Lok	-e, -u	-e, -i, -y	-e, -u
Vok	= Lok	-o, -i, -y	= Nom

Plural (Pl)

	Personalform	Sachform
Nom	-i, -y, -owie, -e	-i -y, -e, -a
Gen	-ów, -i / -y, endungslos	-ów, endungslos, -i, -y
Dat	-om	-om
Akk	-ów, -i / -y, endungslos	-i, -y, -e, -a
Instr	-ami (-mi)	-ami (-mi)
Lok	-ach	-ach
Vok	= Nom	= Nom

Im Plural gibt es einige wenige, aber sehr oft verwendete Substantive, die im Instrumental die verkürzte Endung **-mi** haben. Dazu gehören:
brat Bruder > *braćmi*
dziecko Kind > *dziećmi*
koń Pferd > *końmi*
gość Gast > *gośćmi*
ludzie Menschen > *ludźmi*
pieniądze Geld > *pieniędzmi*
przyjaciel Freund > *przyjaciółmi*

§9 Deklination der Maskulina

Es gibt in der Deklination der Maskulina *(rzeczowniki męskie)* eine Unterscheidung, die wir aus der deutschen Grammatik nicht kennen und die du dir merken musst: Es wird zwischen Bezeichnungen für männliche Personen, für nicht personale männliche Lebewesen (d. h. Tiere) und für nicht belebte Maskulina (Gegenstände und Erscheinungen) unterschieden.

Davon hängen die Endungen der Maskulina im Akkusativ Singular und Plural sowie im Nominativ Plural ab:

	personale Maskulina	nicht personale belebte Maskulina	unbelebte Maskulina
Akk Sg	Akk = Gen	Akk = Gen	Akk = Nom
Akk Pl	Akk = Gen	Akk = Nom	Akk = Nom

Diese Differenzierung in personal, nicht personal belebt und unbelebt spielt in der Deklination der weiblichen und sächlichen Substantive keine Rolle, sie gelten grammatisch gesehen als unbelebt, also auch weibliche und sächliche Personenbezeichnungen wie *dziewczyna* Mädchen, *kobieta* Frau, *dziecko* Kind!

Wir unterscheiden daher innerhalb der Maskulina drei Deklinationsmuster:
1. Personalmaskulina
   rzeczowniki męskoosobowe,
   z. B. *ojciec* Vater, *uczeń* Schüler
2. nicht personale belebte Maskulina
   rzeczowniki męskożywotne,
   z. B. *kot* Katze
3. unbelebte Maskulina
   rzeczowniki nieżywotne,
   z. B. *dom* Haus, *stół* Tisch

Substantive

§9

Besonderheiten in der Deklination der Personalmaskulina

Einwohnernamen auf -**anin** wie *Rosjanin* Russe, *Amerykanin* Amerikaner, *paryżanin* Pariser, *łodzianin* Lodzer verlieren im Plural das Suffix -**in**.

	Sg	Pl	Sg	Pl
Nom	Rosjanin	Rosjan**ie**	paryżanin	paryżan**ie**
Gen	Rosjanin**a**	Rosjan	paryżanin**a**	paryżan
Dat	Rosjanin**owi**	Rosjan**om**	paryżanin**owi**	paryżan**om**
Akk	Rosjanin**a**	Rosjan	paryżanin**a**	paryżan
Instr	Rosjanin**em**	Rosjan**ami**	paryżanin**em**	paryżan**ami**
Lok	Rosjanin**ie**	Rosjan**ach**	paryżanin**ie**	paryżan**ach**
Vok	Rosjanin**ie**!	Rosjan**ie**!	paryżanin**ie**!	paryżan**ie**!

! *Amerykanie* endet im Genitiv Plural auf -**ów**.

Abweichende Pluralbildung

Przyjaciel Freund, *brat* Bruder sowie *człowiek* Mensch haben eine unregelmäßige Pluralbildung, dabei hat *człowiek* im Plural einen völlig anderen Stamm als im Singular:

Nom	przyjaciel**e**	braci**a**	ludzi**e**
Gen	przyjaciół	braci	ludzi
Dat	przyjacioł**om**	braci**om**	ludzi**om**
Akk	przyjaciół	braci	ludzi
Instr	przyjaciół**mi**	brać**mi**	ludź**mi**
Lok	przyjacioł**ach**	braci**ach**	ludzi**ach**
Vok	przyjaciel**e**!	braci**a**!	ludzi**e**!

! Hinweis zum Gebrauch des Nominativ Plural der Personalmaskulina: Wird im Nominativ Plural der Personalmaskulina anstelle der Personalform auf -**i** / -**y**, -**owie** die für unbelebte Substantive typische Endung der Sachform verwendet, wird damit eine abwertende, geringschätzige Nuance ausgedrückt:

chłopi Bauern — *chłopy* Kerle
dyrektorzy Direktoren — *dyrektory* (abwertend)
doktorzy Doktoren — *doktory* (abwertend)
ministrowie Minister — *ministry* (abwertend)

Achte daher immer auf die richtige Personalendung im Nominativ Plural, um eine ungewollte Peinlichkeit zu vermeiden!

---

2. Nichtpersonale belebte Maskulina

Die nichtpersonalen belebten Substantive *(rzeczowniki męskożywotne)*, z. B. *baran* Widder, *koń* Pferd oder *jeż* Igel, haben
a) im *Singular* wie bei den personalen Maskulina die einheitliche Genitivendung -**a**,
b) im *Singular* wie bei den personalen Maskulina die Übereinstimmung des Akkusativs mit dem Genitiv und
c) im *Plural*, anders als die personalen Maskulina, die Übereinstimmung des Akkusativs mit dem Nominativ:

	Sg			Pl		
Nom	baran	koń	jeż	baran**y**	koni**e**	jeż**e**
Gen	baran**a**	koni**a**	jeż**a**	baran**ów**	koni	jeż**y**
Dat	baran**owi**	koni**owi**	jeż**owi**	baran**om**	koni**om**	jeż**om**
Akk	baran**a**	koni**a**	jeż**a**	baran**y**	koni**e**	jeż**e**
Instr	baran**em**	koni**em**	jeż**em**	baran**ami**	koń**mi**	jeż**ami**
Lok	barani**e**	koni**u**	jeż**u**	baran**ach**	koni**ach**	jeż**ach**
Vok	barani**e**!	koni**u**!	jeż**u**!	baran**y**!	koni**e**!	jeż**e**!

Im **Dativ Singular** gibt es bei einigen wenigen belebten Maskulina auch die Endung -**u**, z. B.
pies Hund > *psu*,
lew Löwe > *lwu*,
osioł Esel > *osłu*,
kot Katze > *kotu*.

Die Übereinstimmung im Akkusativ und Genitiv Singular betrifft darüber hinaus auch eine ganze Reihe unbelebter Maskulina. Als im grammatischen Sinne „belebt" gelten folgende Bedeutungsgruppen:

- Namen von Währungseinheiten, z. B. *grosz* Groschen, *złoty* Zloty, *dolar* Dollar: *dać dolara* einen Dollar geben
- Namen von Tänzen, z. B. *mazurek* Mazurka, *polonez* Polonaise: *tańczyć mazurka, poloneza* Mazurka / Polonaise tanzen
- Pilznamen, z. B. *maślak* Butterpilz, *borowik* Steinpilz: *znaleźć maślaka, borowika* einen Butterpilz / Steinpilz finden
- Markennamen, z. B. für Zigaretten und Autos wie *fiat, golf*: *kupić fiata, golfa* einen Fiat / Golf kaufen
  palić papierosa eine Zigarette rauchen

In letzter Zeit erweitert sich diese Gruppe vor allem in der Alltagssprache um unbelebte Substantive, die z. B. Lebensmittel, Obst und Gemüse bezeichnen: *Jeść kotleta, banana*. Das gilt aber auch für andere Bereiche, z. B. die neuen Medien: *pisać maila, sms-a* eine Mail, eine SMS schreiben, *kupić laptopa* einen Laptop kaufen, *rozmawiać przez Skype'a* über Skype telefonieren.

In der gepflegten Sprache verwendet man immer noch die Endung des Akkusativs unbelebter Substantive, die identisch mit der Nominativendung ist: *pisać SMS, mail*.

3. Unbelebte Maskulina

Charakteristisch für die Deklination der unbelebten Maskulina *(rzeczowniki męskonieżywotne)* ist die Übereinstimmung der Endungen im Akkusativ und Nominativ Singular und Plural:

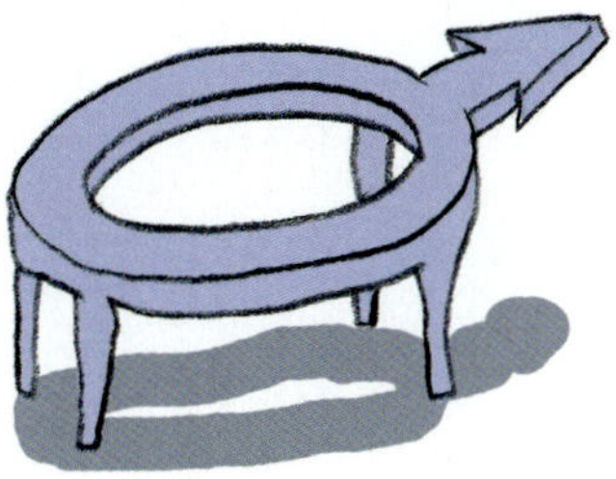

Singular

	harter Konsonant		weicher Konsonant	hist. weicher Konsonant
Nom	**zeszyt** Heft	**plecak** Rucksack	**dzień** Tag	**tysiąc** Tausend
Gen	zeszyt**u**	pleca**ka**	dn**ia**	tysiąc**a**
Dat	zeszyt**owi**	pleca**kowi**	dn**iowi**	tysiąc**owi**
Akk	**zeszyt**	**plecak**	**dzień**	**tysiąc**
Instr	zeszyt**em**	plecaki**em**	dni**em**	tysiąc**em**
Lok	zeszyci**e**	pleca**ku**	dni**u**	tysiąc**u**
Vok	zeszyci**e**!	pleca**ku**!	dni**u**!	tysiąc**u**!

Nach **g** und **k** im Stammauslaut folgt im Instrumental immer ein **-i-** , vgl. *plecak* Rucksack – *plecak-***i***-em*. Im Lokativ der hartstämmigen Substantive tritt vor der Endung **-e** ein Konsonanten- bzw. Vokalwechsel auf!

Substantive, die im **Nominativ Singular** vor dem Endkonsonanten ein **-e** haben (z. B. **-ek**), verlieren dieses **-e** (siehe flüchtiges *e*, § 4) in allen abhängigen Kasus (siehe § 7):
domek Häuschen > *domku*,
ogień Feuer > *ognia*,
Marek Vorname > *Marka*.

Substantive

§9

Der **Genitiv Singular** kann auf -**a** und -**u** auslauten. Die Verteilung dieser Endungen ist nicht ganz eindeutig, daher gibt es auch eine ganze Reihe von Schwankungen und Doppelformen. Hier einige Tipps zur Wahl der Genitiv-Endung auf -**a** oder -**u**:

Die Endung -**a** haben häufig:

a) Substantive, die auf einen weichen bzw. historisch weichen Laut ausgehen:
dworzec Bahnhof > *dworca*
dzień Tag > *dnia*
koniec Ende > *końca*
stopień Stufe, Grad > *stopnia*
Aber: *owoc* Frucht > *owocu*
kraj Land > *kraju*

b) Monatsnamen sowie Bezeichnungen für Körperteile, Maße, Gewichte und Zeiteinheiten:
listopad November > *listopada*
lipiec Juli > *lipca*
żołądek Magen > *żołądka*
gram Gramm > *grama*
metr Meter > *metra*
miesiąc Monat > *miesiąca*
tydzień Woche > *tygodnia*

c) geografische Eigennamen wie Fluss- oder Ortsnamen, z. B.:
Dunajec (Fluss in Südpolen) > *Dunajca*
Kraków > *Krakowa*
auch fremde Namen wie:
Berlin > *Berlina*
Paryż > *Paryża*
Wiedeń Wien > *Wiednia*
sowie solche auf -**burg**:
Hamburg > *Hamburga*

d) Diminutive auf -**ek**, -**ik**- / -**yk**:
obrazek Bildchen > *obrazka*
stolik kleiner Tisch > *stolika*
kluczyk Schlüsselchen > *kluczyka*

Die Endung -**u** haben häufig:

a) Substantive, die nicht zählbar sind, z. B. Stoffbezeichnungen:
piasek Sand > *piasku*
barszcz Rote-Bete-Suppe > *barszczu*
cukier Zucker > *cukru*

b) die Mehrzahl der entlehnten Substantive:
marsz Marsch > *marszu*
hotel Hotel > *hotelu*
biznes Business > *biznesu*
aber: *komputer* Computer > *komputera*

c) die Wochentage:
poniedziałek Montag > *poniedziałku*
wtorek Dienstag > *wtorku*

d) Fluss- und Gewässernamen:
Ren Rhein > *Renu*
Dunaj Donau > *Dunaju*
Bałtyk Ostsee > *Bałtyku*

e) Fremde Ortsnamen:
Rzym Rom > *Rzymu*
Waszyngton Washington > *Waszyngtonu*
Londyn London > *Londynu*
Budapeszt Budapest > *Budapesztu*

Lerne unbelebte maskuline Substantive immer zusammen mit der Genitivform!

Wie *tysiąc* Tausend haben im Genitiv Plural auch *miesiąc* Monat und *pieniądz* Geld einen Vokalwechsel von **ą** zu **ę**: *miesięcy*, *pieniędzy*. *Pieniądz* zeigt auch im Instrumental Plural diesen Vokalwechsel und zugleich die verkürzte Endung -**mi**, vgl.:
Nom *pieniądze*
Gen *pieni**ę**dzy*
Dat *pieniądzom*
Akk *pieniądze*
Instr *pieni**ę**dz**mi***
Lok *pieniądzach*

Doppelformen gibt es nach dem Auslaut auf **l** und **j**, vgl.:
pokojów Zimmer > *pokoi*
hotelów Hotel > *hoteli*

Plural

	harter Konsonant		weicher Konsonant, l, j	historisch weicher Konsonant
Nom	zeszyt**y**	pleca**ki**	dn**i** / dn**ie**	tysiąc**e**
Gen	zeszyt**ów**	pleca**ków**	dn**i**	tysięc**y**
Dat	zeszyt**om**	pleca**kom**	dn**iom**	tysiąc**om**
Akk	zeszyt**y**	pleca**ki**	dn**i** / dn**ie**	tysiąc**e**
Instr	zeszyt**ami**	pleca**kami**	dn**iami**	tysiąc**ami**
Lok	zeszyt**ach**	pleca**kach**	dn**iach**	tysiąc**ach**
Vok	zeszyt**y**!	pleca**ki**!	dn**i** / dn**ie**!	tysiąc**e**!

Besonderheiten in der Deklination unbelebter Substantive

Das Substantiv **rok** Jahr bildet seine Pluralformen vom Stamm **lat-o** (von *lato* Sommer):

	Nom	Gen	Dat	Akk	Instr	Lok	Vok
Sg	rok	rok**u**	rok**owi**	rok	rok**iem**	rok**u**	rok**u**!
Pl	lat**a**	lat	lat**om**	lat**a**	lat**ami**	lat**ach**	lat**a**!

---

§10 Deklination der Neutra

	Sg	Pl
Nom	-o, -e, -ę	-a
Gen	-a	endungslos, (-i, -y)
Dat	-u	-om
Akk	-o, -e, -ę	-a
Instr	-em	-ami
Lok	-e, -u	-ach
Vok	-o, -e, -ę	-a

Charakteristisch für die neutrale Deklination *(deklinacja nijaka)* ist die Übereinstimmung der Endungen im Akkusativ, Nominativ, Vokativ sowie die durchgängige Endung -**u** im Dativ Singular.

Die Endung des Nominativs Plural ist immer -**a**, der Genitiv Plural ist meist endungslos.

Die Differenzierung in *personal*, *nicht personal belebt* und *unbelebt* spielt in der Deklination der sächlichen Substantive keine Rolle.

Substantive

1. Neutra auf -o und -e

	Sg		Pl	
Nom	lato, miasto Sommer, Stadt	pole, mieszkanie Feld, Wohnung	lata, miasta	pola, mieszkania
Gen	lata, miasta	pola, mieszkania	lat, miast	pól, mieszkań
Dat	latu, miastu	polu, mieszkaniu	latom, miastom	polom, mieszkaniom
Akk	lato, miasto	pole, mieszkanie	lata, miasta	pola, mieszkania
Instr	latem, miastem	polem, mieszkaniem	latami, miastami	polami, mieszkaniami
Lok	lecie, mieście	polu, mieszkaniu	latach, miastach	polach, mieszkaniach
Vok	lato! miasto!	pole! mieszkanie!	lata! miasta!	pola! mieszkania!

Der Lokativ Singular endet nach weichen oder historisch weichen Auslautkonsonanten auf -**u**, nach harten Konsonanten auf -**e**.

! Achte dabei auf den Lautwechsel (Konsonanten- sowie Vokalwechsel).

- im Lokativ vor der Endung -**e**, wie:
  lato Sommer > *lecie*
  miasto Stadt > *mieście*
  gniazdo Nest > *gnieździe*
- Im Genitiv erfolgt infolge des Wegfalls der Endung ein Vokalwechsel von -**ę** zu -**ą** und von -**o** zu -**ó**:
  święto Feiertag > *świąt*
  pole Feld > *pól*
  słowo Wort > *słów*
- Im Genitiv Plural wird durch den Wegfall der Endung zwischen den Konsonanten ein -**e** eingeschoben:
  okno Fenster > *okien*
  jajko Ei > *jajek*

Einige wenige Substantive auf -**e** haben im Genitiv Plural die Endung -**i** / -**y**:
stulecie Jahrhundert > *stuleci*
narzędzie Gerät > *narzędzi*
wybrzeże Küste > *wybrzeży*

Besonderheiten in der Deklination der Neutra auf -o und -e

	Sg	Pl
Nom	oko, ucho	oczy, uszy
Gen	oka, ucha	oczu, uszu
Dat	oku, uchu	oczom, uszom
Akk	oko, ucho	oczy, uszy
Instr	okiem, uchem	oczami, uszami
Lok	oku, uchu	oczach, uszach
Vok	oko! ucho!	oczy! uszy!

Oko Auge und *ucho* Ohr haben im Plural den veränderten Wortstamm **ocz**- bzw. **usz**-.

Das Substantiv *dziecko* Kind hat im Plural den veränderten Stamm *dzieć*-:
Nominativ, Genitiv, Akkusativ, Vokativ *dzieci*, Dativ *dzieciom*, Instrumental *dziećmi*, Lokativ *dzieciach*.

2. Neutra auf -ę

	Typ 1 imię Name		**Typ 2 zwierzę** Tier	
Nom	imię	imiona	zwierzę	zwierzęta
Gen	imienia	imion	zwierzęcia	zwierząt
Dat	imieniu	imionom	zwierzęciu	zwierzętom
Akk	imię	imiona	zwierzę	zwierzęta
Instr	imieniem	imionami	zwierzęciem	zwierzętami
Lok	imieniu	imionach	zwierzęciu	zwierzętach
Vok	imię!	imiona!	zwierzę!	zwierzęta!

Beide Typen zeigen eine Erweiterung des Wortstamms:

Einige wenige Substantive auf -**ę** haben im Singular eine Erweiterung um -**eń**-, im Plural um -**on**-, neben *imię* Name z. B. *siemię* Samen.

Die zweite Gruppe zeigt im Singular eine Erweiterung um -**ęć**-, im Plural um -**ąt**-. Hierbei handelt es sich um einen sehr häufig anzutreffenden Typ von Substantiven, die vor allem junge Lebewesen bezeichnen: *kurczę* Hühnchen, *pisklę* Küken, *cielę* Kalb, *szczenię* Welpe, *źrebię* Fohlen.

Im Genitiv Plural kommt es im Typ 2 durch den Wegfall der Endung zum Vokalwechsel **ę** > **ą**, z. B. *cieląt, szczeniąt*.

3. Neutra auf -um

Fremdwörter auf -**um** gelten als Neutra und werden im Singular nicht dekliniert, z. B. *Byliśmy ostatnio* **w Muzeum Narodowym**. Wir waren kürzlich im Nationalmuseum.
Ausnahme: die deklinierbaren Maskulina *album* Album, *kostium* Kostüm, *spodnium* Hosenanzug.

Im Plural werden sie dagegen nach dem Muster der Neutra dekliniert.
Ausnahme: Der Genitiv endet abweichend auf -**ów**, vgl. Nominativ *muzea*, Genitiv *muzeów*, Dativ *muzeom*, Akkusativ *muzea*, Instrumental *muzeami*, Lokativ *muzeach*.

§11 Deklination der Feminina

Endungen der Feminina im Überblick

In der Deklination der *weiblichen* Substantive spielt die Differenzierung in *personal, nicht personal belebt* und *unbelebt* für die Wahl der Kasusendung keine Rolle.

	Sg	**Pl**
Nom	-a, -i, Konsonant	**-y, -i, -e**
Gen	-i, -y	endungslos, -i, -y
Dat	**-e, -i / -y**	-om
Akk	-ę , -ą, Konsonant	**-e, -i, -y**
Instr	-ą	-ami
Lok	**-e, -i / -y**	-ach
Vok	-o, -i, -y, (-u)	**-e, -i, -y**

In der femininen Deklination *(deklinacja żeńska)* fällt die Übereinstimmung der Kasusendungen ins Auge: im Singular zwischen dem *Dativ* und dem *Lokativ*, im Plural zwischen *Nominativ, Akkusativ* und *Vokativ*.

Je nach Qualität des Stammauslautes unterscheidet man zwischen *vokalischer* und *konsonantischer* Deklination.

B

Substantive

§11

Vokalische Deklination *(deklinacja samogłoskowa)*:
Substantive, die auf den Vokal -**a** oder -**i** enden und deren Stammauslaut ein (harter, weicher oder historisch weicher) Konsonant ist, z. B. *mat***k***-a* Mutter, *kuch***ni***-a* Küche, *sprzedaw***cz***-yni* Verkäuferin.

Konsonantische Deklination *(deklinacja spółgłoskowa)*:
Substantive, die im Nominativ endungslos sind und deren Stamm wie bei den Maskulina auf einen Konsonanten ausgeht, wie *pieś***ń** Lied, *podró***ż** Reise.

! Im Nominativ Singular kann man also nicht erkennen, ob es sich um ein maskulines oder feminines Substantiv handelt. Daher sollte man das Wort immer mit seinem Genus lernen!

---

1. Vokalische Deklination auf -a

	harter Konsonant		historisch weicher Konsonant		weicher Konsonant	
	Sg	**Pl**	**Sg**	**Pl**	**Sg**	**Pl**
Nom	żon**a**	żon**y**	prac**a**	prac**e**	kuchni**a**	kuchni**e**
Gen	żon**y**	żon	prac**y**	prac	kuchni	kuchni
Dat	żonie	żon**om**	prac**y**	prac**om**	kuchni	kuchni**om**
Akk	żon**ę**	żon**y**	prac**ę**	prac**e**	kuchni**ę**	kuchni**e**
Instr	żon**ą**	żon**ami**	prac**ą**	prac**ami**	kuchni**ą**	kuchni**ami**
Lok	żonie	żon**ach**	prac**y**	prac**ach**	kuchni	kuchni**ach**
Vok	żon**o**!	żon**y**!	prac**o**!	prac**e**!	kuchni**o**!	kuchni**e**!

Weibliche Substantive auf -**a**, die im Stammauslaut einen harten oder historisch weichen Konsonanten haben, wie *żona* Ehefrau, *praca* Arbeit, enden im Genitiv Singular auf -**y**; auf -**i** enden Feminina mit weichem Konsonanten oder auf **g**, **k**, **ch**, z. B. *kuchni* Küche, *matki* Mutter.

Weichstämmige Kosewörter und Koseformen von Namen wie *mamusia* Mama, *Basia* (von Barbara), *Zosia* (von Zofia) bilden den Vokativ mit -**u**: *mamusiu!*, *Basiu!*, *Zosiu!*

Der Genitiv Plural ist endungslos, dadurch kommt es bei einigen Substantiven zu einer Konsonantenhäufung und es wird ein -**e** eingeschoben, vgl.
matka Mutter > *mat***e***k*,
książka Buch > *książ***e***k*,
wojna Krieg > *woj***e***n*,
bajka Märchen > *baj***e***k*.

! Im Dativ und Lokativ der hartstämmigen Feminina tritt durch die Endung -**e** wieder ein Konsonanten- bzw. Vokalwechsel auf! Der harte Konsonant wechselt mit einem weichen oder historisch weichen Konsonanten:

harter > weicher Konsonant	
p > pi	ma**p**a Karte > ma**pie**
b > bi	ry**b**a Fisch > ry**bie**
m > mi	ma**m**a Mama > ma**mie**
f > fi	sza**f**a Schrank > sza**fie**
w > wi	tra**w**a Gras > tra**wie**
t > ć / ci	kobie**t**a Frau > kobie**cie**
d > dź / dzi	mo**d**a Mode > mo**dzie**
s > ś / si	tra**s**a Strecke > tra**sie**
ł > l	szko**ł**a Schule > szko**le**

harter > historisch weicher Konsonant	
r > rz	wia**r**a Glaube > wie**rze**
k > c	książ**k**a Buch > książ**ce**
z > ź / zi	fa**z**a Phase > fa**zie**
n > ń / ni	ra**n**a Wunde > ra**nie**
ł > l	szko**ł**a Schule > szko**le**
g > dz	no**g**a Bein > no**dze**
ch > sz	mu**ch**a Fliege > mu**sze**

Deklination der Feminina

2. Vokalische Deklination auf -i

	Sg	Pl
Nom	sprzedawczyn**i**	sprzedawczyni**e**
Gen	sprzedawczyn**i**	sprzedawczyń
Dat	sprzedawczyn**i**	sprzedawczyni**om**
Akk	sprzedawczyni**ę**	sprzedawczyni**e**
Instr	sprzedawczyni**ą**	sprzedawczyni**ami**
Lok	sprzedawczyn**i**	sprzedawczyni**ach**
Vok	sprzedawczyn**i**!	sprzedawczyni**e**!

Mit -**(yn)i** werden vor allem die femininen Entsprechungen von Maskulina auf -**ca** abgeleitet, z. B. *sprzedawca – sprzedawczyni* Verkäuferin, *doradca – doradczyni* Beraterin. Sie haben im Singular in den meisten Kasus ein -**i** und sind im Genitiv Plural endungslos.

Pani hat abweichend im Akkusativ Singular die Endung -**ą**: *panią*.

---

3. Konsonantische Deklination

	Sg	Pl	Sg	Pl
Nom	pieśń	pieśn**i**	podróż	podróż**e**
Gen	pieśni	pieśni	podróży	podróży
Dat	pieśn**i**	pieśni**om**	podróż**y**	podróż**om**
Akk	pieśń	pieśn**i**	podróż	podróż**e**
Instr	pieśn**ią**	pieśni**ami**	podróż**ą**	podróż**ami**
Lok	pieśn**i**	pieśni**ach**	podróż**y**	podróż**ach**
Vok	pieśn**i**!	pieśn**i**!	podróż**y**!	podróż**e**!

Die Feminina dieses Deklinationstyps, z. B. *pieśń* Lied, *podróż* Reise, haben im Singular gleichförmige Endungen: Mit Ausnahme des Instrumentals lautet die Endung -**i** bei weichem und -**y** bei historisch weichem Stammauslaut.

Im Nominativ Plural ist die Endung der weichstämmigen Feminina -**i**, der Feminina mit historisch weichem Auslaut -**e**.

Bei einigen Substantiven verschwindet in den abhängigen Kasus das -**e**- („flüchtiges e“) wieder:
wieś Dorf > *wsi*,
płeć Geschlecht > *płci*,
chorągiew Flagge > *chorągwi*.

Einige Substantive weisen den Wechsel von **ó** zu **o** auf: *łódź* Boot > *łodzi*.

Das Substantiv rzeczpospolita (Republik)
Rzeczpospolita (aus dem lat. *res publica*) besteht aus dem Substantiv *rzecz* und dem Adjektiv *pospolita*. In der Deklination gibt es daher zwei Möglichkeiten: Entweder werden beide Bestandteile oder – immer häufiger anzutreffen – nur der zweite, adjektivische Bestandteil dekliniert:

Nom	rzeczpospolita
Gen	rzecz**y**pospolit**ej** oder rzeczpospolit**ej**
Dat	rzecz**y**pospolit**ej** oder rzeczpospolit**ej**
Akk	rzeczpospolit**ą**
Instr	rzecz**ą**pospolit**ą** oder rzeczpospolit**ą**
Lok	rzecz**y**pospolit**ej** oder rzeczpospolit**ej**
Vok	rzecz**y**pospolita! oder rzeczpospolita!

! Die Betonung liegt traditionell auf der drittvorletzten Silbe: *rzeczposp**o**lita*, es kann aber auch bereits die vorletzte Silbe betont werden: *rzeczpospol**i**ta*.

Im offiziellen Staatsnamen wird *rzeczpospolita* großgeschrieben:
Rzeczpospolita Polska (RP) Republik Polen.

4. Deklination weiblicher Berufsbezeichnungen

Feminine Berufsbezeichnungen können mit den Suffixen -**(ar)ka** und -**(yn)i** von der entsprechenden maskulinen Berufsbezeichnung gebildet werden. Sie werden nach dem vokalischen femininen Typ dekliniert. Diese Ableitungen mit dem Suffix -**ka** werden allerdings zunehmend als wenig offiziell und leicht geringschätzig empfunden. Daher werden sie oft durch die Konstruktion *pani* + maskuline Berufsbezeichnung ersetzt, in der die Berufsbezeichnung nicht dekliniert wird, sondern nur *pani,* vgl.:

*Rozmowa z (pan***em***) kierownikiem* aber:
Gespräch mit dem Geschäftsleiter
*Spotkanie u (pan***a***) dyrektor***a**
Treffen beim Direktor

*Rozmowa z pani***ą** *kierownik*
Gespräch mit der Geschäftsleiterin
*Spotkanie u pan***i** *dyrektor*
Treffen bei der Direktorin

1. **Rozmowa z (panem) kierownikiem**
Gespräch mit dem Geschäftsleiter

2. **Rozmowa z panią kierownik**
Gespräch mit der Geschäftsleiterin

Aber auch ohne den Zusatz *pani* kann vor allem bei ranghohen Titeln und Stellungen wie *premier* Premierministerin, *minister* Ministerin, *rektor* Rektorin, *profesor* Professorin u. a. das feminine Genus dadurch ausgedrückt werden, dass die maskuline Bezeichnung verwendet, jedoch ***nicht dekliniert*** wird. Die Kongruenzwörter (Adjektiv, Pronomen) hingegen werden nach dem femininen Genus dekliniert, vgl. die Gegenüberstellung:

*Rozmowy z niemieck***im** *kanclerz***em**
Gespräche mit dem deutschen Bundeskanzler
*Spotkanie ze słynn***ym** *profesor***em**
Treffen mit dem berühmten Professor
*Wystąpienie Ministr***a** *Spraw Zagranicznych*
Rede des Außenministers

*Rozmowy z niemieck***ą** *kanclerz*
Gespräche mit der deutschen Bundeskanzlerin
*Spotkanie ze słynn***ą** *profesor*
Treffen mit der berühmten Professorin
Wystąpienie Minister Spraw Zagranicznych
Rede der Außenministerin

Die feminine Verbform im Präteritum gibt zusätzlich einen Hinweis auf das Genus des undeklinierten Wortes: *Nasz***a** *minister spotkał***a** *się z młodzieżą.* Unsere Ministerin traf sich mit Jugendlichen.

Diese Tendenz, dass die undeklinierte maskuline Form das feminine Genus signalisiert, betrifft auch weibliche Eigennamen (siehe § 14).

§12 Substantive, die nur im Plural vorkommen (Pluraliatantum)

Es gibt wie im Deutschen eine ganze Reihe von Substantiven (Eltern, Geschwister, Ferien, Alpen usw.), die keinen Singular haben und nur im Plural dekliniert werden, die Pluraliatantum *(pluralia tantum)*. Im Genitiv sind sie entweder endungslos oder enden auf -**i** bzw. -**ów**. Dazu gehören:

Nom	Gen	Dat
sanki Schlitten	**sanek**	**sankom**
nożyce Schere	**nożyc**	**nożycom**
drzwi Tür	**drzwi**	**drzwiom**
urodziny Geburtstag	**urodzin**	**urodzinom**
imieniny Namenstag	**imienin**	**imieninom**
wakacje, ferie Ferien	**wakacji, ferii**	**wakacjom, feriom**
skrzypce Geige	**skrzypiec**	**skrzypcom**
usta Mund, Lippen	**ust**	**ustom**
rodzice Eltern	**rodziców**	**rodzicom**
okulary Brille	**okularów**	**okularom**
juwenalia Studententage	**juwenaliów**	**juwenaliom**

Zu den Pluraliatantum gehören auch diverse geografische Namen, wie *Niemcy* Deutschland, *Włochy* Italien, *Węgry* Ungarn.

Die zu den Pluraliatantum gehörenden Attribute, Pronomen und Verben stehen ebenfalls im Plural, und zwar je nach der Bedeutung in der Personalform oder Sachform:
Moi rodzice wyjechali na urlop.
Meine Eltern sind in den Urlaub gefahren.
Te drzwi są otwarte.
Diese Tür ist offen.

---

§13 Adjektivisch deklinierte Substantive

1. Belebte Maskulina und Feminina

Es gibt einige Substantive mit adjektivischer Form, die männliche und weibliche Personen bezeichnen, z. B.
dyżurny / dyżurna Diensthabende/-r,
woźny / woźna Hausmeister/-in,
uczony / uczona Gelehrte/-r,
księgowy / księgowa Buchhalter/-in,
znajomy / znajoma Bekannte/-r,
teściowa Schwiegermutter,
miejscowy / miejscowa Einheimische/-r,
niewidomy / niewidoma der / die Blinde,
niepełnosprawny / niepełnosprawna der / die Behinderte,
chory / chora der / die Kranke.

Sie werden wie die entsprechenden Adjektive dekliniert:

	Sg	Pl	Sg	Pl
Nom	znajomy	znajomi	znajoma	znajome
Gen	znajom**ego**	znajom**ych**	znajom**ej**	znajom**ych**
Dat	znajom**emu**	znajom**ym**	znajom**ej**	znajom**ym**
Akk	znajom**ego**	znajom**ych**	znajom**ą**	znajom**e**
Instr	znajom**ym**	znajom**ymi**	znajom**ą**	znajom**ymi**
Lok	znajom**ym**	znajom**ych**	znajom**ej**	znajom**ych**
Vok	znajomy!	znajomi!	znajoma!	znajome!

Adjektivisch dekliniert werden auch Personennamen auf -**ski** / -**ska** sowie männliche Vor- und Nachnamen auf -**i** / -**y** vgl. *Antoni, Batory* (siehe § 14.1).

2. Unbelebte Maskulina

	Sg		Pl	
Nom	złoty	halny	złote	halne
Gen	złotego	halnego	złotych	halnych
Dat	złotemu	halnemu	złotym	halnym
Akk	złotego	halny	złote	halne
Instr	złotym	halnym	złotymi	halnymi
Lok	złotym	halnym	złotych	halnych
Vok	złoty!	halny!	złote!	halne!

Unbelebte adjektivische Maskulina haben im Nominativ und Akkusativ übereinstimmende Endungen wie *luty* Februar, *halny* Föhnwind.

Złoty (polnische Währungseinheit) gilt trotz seiner Unbelebtheit im grammatischen Sinn als belebt und hat im Akkusativ die Endung des Genitivs *złotego*.

3. Neutra

Neutrale substantivierte Adjektive sind meist Bezeichnungen für Geldsummen und Gebühren, z. B. *kieszonkowe* Taschengeld, *komorne* Miete, *czesne* Schulgeld, *becikowe* Babygeld:

	Sg	Pl
Nom	kieszonkowe	kieszonkowe
Gen	kieszonkowego	kieszonkowych
Dat	kieszonkowemu	kieszonkowym
Akk	kieszonkowe	kieszonkowe
Instr	kieszonkowym	kieszonkowymi
Lok	kieszonkowym	kieszonkowych
Vok	kieszonkowe!	kieszonkowe!

Adjektivisch dekliniert wird auch das Pluraletantum *dane* Daten, Angaben: *danych, danym* usw. Personennamen auf -**e**, wie *Linde, Goethe* usw. gehören ebenfalls zu diesem Typ (siehe § 14.2e).

§14 Deklination der Eigennamen

1. Vornamen

Grundsätzlich werden polnische Vor- und Nachnamen entsprechend dem Genus und den Deklinationsmustern der appellativischen Substantive dekliniert, z. B. *Kazimierz, Jacek, Jan* nach dem Muster der Personalmaskulina (siehe § 9.1), *Maria, Ewa, Jolanta* nach dem Muster der auf den Vokal -**a** auslautenden Feminina (siehe § 11.1).

Auch fremde Vornamen *(imiona)* und Nachnamen *(nazwiska)* werden, wann immer es sich vom Auslaut her ermöglichen lässt, einem polnischen Deklinationsmuster zugeordnet.

Männliche Vornamen auf -**i** bzw. -**y** werden adjektivisch dekliniert:

Nom	Antoni	Ignacy
Gen	Antoniego	Ignacego
Dat	Antoniemu	Ignacemu
Akk	Antoniego	Ignacego
Instr	Antonim	Ignacym
Lok	Antonim	Ignacym
Vok	Antoni!	Ignacy!

Dekliniert man die polnischen männlichen Vornamen im Plural, so bezeichnen sie Ehepaare, mit denen man per Vornamen verkehrt: **Januszowie** – Janusz und seine Frau, **Markowie** – Marek und seine Frau.

2. Nachnamen

a) Polnische maskuline Nachnamen, die auf einen Konsonanten enden, werden wie die entsprechenden Maskulina dekliniert (siehe § 9.1):

	Sg	Pl
Nom	Nowak	Nowakowie
Gen	Nowaka	Nowaków
Dat	Nowakowi	Nowakom
Akk	Nowaka	Nowaków
Instr	Nowakiem	Nowakami
Lok	Nowaku	Nowakach
Vok	Nowaku!	Nowakowie!

z. B. *Nauczyciel rozmawia z panem* **Nowakiem**. Der Lehrer unterhält sich mit Herrn Nowak. Bezieht sich der Name auf eine weibliche Person, bleibt er wie bei weiblichen Titeln und Berufsbezeichnungen undekliniert (siehe § 11. 4):

Nauczyciel rozmawia z panią **Nowak**. Der Lehrer unterhält sich mit Frau Nowak. Hier zeigt nur die Form *panią* an, dass es um den Instrumental geht.

b) Maskuline polnische Personennamen, die auf -**o** ausgehen, wie *Kościuszko, Moniuszko, Jagiełło, Matejko*, werden wie Feminina dekliniert.

? Die hier genannten Namen gehören berühmten polnischen Persönlichkeiten. Kennst du sie?

Nom	Kościuszko	Jagiełło
Gen	Kościuszki	Jagiełły
Dat	Kościuszce	Jagielle
Akk	Kościuszkę	Jagiełłę
Instr	Kościuszką	Jagiełłą
Lok	Kościuszce	Jagielle
Vok	Kościuszko!	Jagiełło!

Im Plural gelten die Endungen der Personalform auf -**owie**: *Kościuszkowie, Kościuszków*. Bezieht sich ein Name auf -**o** aber auf eine Frau, so bleibt er undekliniert: *Książki Krystyny Jagiełł***o**. Die Bücher von Krystyna Jagiełło.

c) Ebenso wie Namen auf -**o** werden polnische und fremde Namen auf -**a** wie *Wojtyła, Wałęsa, Zola* im Singular dem entsprechenden weiblichen Paradigma zugeordnet:

Nom	Wojtyła	Wałęsa	Zola
Gen	Wojtyły	Wałęsy	Zoli
Dat	Wojtyle	Wałęsie	Zoli
Akk	Wojtyłę	Wałęsę	Zolę
Instr	Wojtyłą	Wałęsą	Zolą
Lok	Wojtyle	Wałęsie	Zoli
Vok	Wojtyło!	Wałęso!	Zolo!

Die weibliche Namensform bleibt entweder in der offiziellen Sprache undekliniert (*o pani Wałęsa* [über Frau Wałęsa]) oder ist in der Umgangssprache mithilfe des Suffixes -**owa** deklinierbar *(o pani Wałęsowej)*.

d) Die zahlreichen polnischen Nachnamen, die auf -**ski** / -**ska** enden, werden wie entsprechende Adjektive dekliniert. Das betrifft sowohl Maskulina wie Feminina:

	Sg		Pl
Nom	Kowalski	Kowalska	Kowalscy Kowalskie
Gen	Kowalskiego	Kowalskiej	Kowalskich
Dat	Kowalskiemu	Kowalskiej	Kowalskim
Akk	Kowalskiego	Kowalską	Kowalskich, Kowalskie
Instr	Kowalskim	Kowalską	Kowalskimi
Lok	Kowalskim	Kowalskiej	Kowalskich
Vok	Kowalski!	Kowalska!	Kowalscy!* Kowalskie!

*Der Nominativ Plural **Kowalscy** hat die Bedeutung *das Ehepaar Kowalski* oder *die Brüder Kowalski*, **Kowalskie** hingegen bezieht sich auf zwei Frauen (Mutter und Tochter, Schwestern).

Ebenso lauten die Formen des Namens *Zimny* bzw. *Zimna*: *Zimny, Zimnego, Zimnemu* usw.; *Zimna*: *Zimnej, Zimnej* usw.

Fremde Nachnamen mit adjektivischer Endung werden ebenfalls adjektivisch dekliniert:

	Sg	Pl	Sg	Pl
Nom	Batory	Batorowie	Kennedy	Kennedy
Gen	Batorego	Batorych	Kennedy'ego	Kennedych
Dat	Batoremu	Batorym	Kennedy'emu	Kennedym
Akk	Batorego	Batorych	Kennedy'ego	Kennedych
Instr	Batorym	Batorymi	Kennedym	Kennedymi
Lok	Batorym	Batorych	Kennedym	Kennedych
Vok	Batory!	Batorowie!	Kennedy!	Kennedy!

Im Genitiv, Dativ und Akkusativ Singular fremder Namen auf -**y** wird ein Apostroph gesetzt, weil das -**y** nicht gesprochen wird.

Substantive

§14

e) Personennamen deutscher Herkunft auf -**e** (Goethe, Rilke, Heine) werden wie Adjektive dekliniert; im Instrumental und Lokativ lautet die Endung jedoch abweichend -**em**:

Nom	Linde	Goethe
Gen	Lind**ego**	Goeth**ego**
Dat	Lind**emu**	Goeth**emu**
Akk	Lind**ego**	Goeth**ego**
Instr	Lind**em**	Goeth**em**
Lok	Lind**em**	Goeth**em**
Vok	Linde!	Goethe!

Weibliche Personennamen deutscher Herkunft auf -**e** bleiben undekliniert: *rozmowa z panią Linde, Handke* Gespräch mit Frau Linde, Handke.

Personennamen deutscher Herkunft auf -**er** haben kein flüchtiges -**e** in den deklinierten Formen:
Schiller > *Schillera*
Beckenbauer > *Beckenbauera*
Weber > *Webera*
aber: *Luter* Luther > *Lutra*

3. Geografische Namen

Die meisten polnischen geografischen Namen werden je nach Endung dem entsprechenden substantivischen oder adjektivischen Deklinationstyp der Appellative zugeordnet:

Maskulinum	Femininum	Neutrum
Jarocin > Jarocina, w Jarocinie	Gdynia > Gdyni, w Gdyni	Kłodzko > Kłodzka, w Kłodzku
Poznań > Poznania, w Poznaniu	Piła > Piły, w Pile	Mazowsze > Mazowsza, na Mazowszu
Śląsk > Śląska, na Śląsku	Wisła > Wisły, na Wiśle	Opole > Opola, w Opolu
Łowicz > Łowicza, w Łowiczu	Łódź > Łodzi, w Łodzi Bydgoszcz > w Bydgoszczy	Zakopane > Zakopanego, w Zakopanem
Nowy Targ > Nowego Targu, w Nowym Targu	Ruda Śląska > Rudy Śląskiej, w Rudzie Śląskiej	

Der Genitiv der maskulinen Eigennamen endet meist auf -**a**: *do Szczecina, do Lublina*.

Einige Namen, die im Nominativ / Akkusativ auf den harten Konsonanten **w** oder **m** enden, haben in den abhängigen Kasus den entsprechenden erweichten Konsonanten:
Wrocław > *do Wrocławia*, *Radom* > *do Radomia*

Einige Namen auf -**y** oder -**e** sind Pluraliatantum: *Kielce* > *do Kielc, w Kielcach, Katowice* > *do Katowic, w Katowicach, Łużyce Lausitz* > *na Łużycach*. Dazu gehören auch die Namen von Gebirgszügen wie *Alpy* Alpen > *w Alpach*, *Sudety* Sudeten > *w Sudetach*, *Karpaty* Karpaten > *w Karpatach*, weiterhin einige Ländernamen wie *Niemcy* Deutschland, *Węgry* Ungarn, *Włochy* Italien, *Czechy* Tschechien, *Chiny* China, *Prusy* Preußen.

Bei geografischen Namen, die aus Adjektiv und Substantiv bestehen, werden beide Teile dekliniert: *Nowy Targ* > *do Nowego Targu*.

Beachte die Unterschiede in der Deklination zwischen den Namen der folgenden drei EU-Länder (Sachform) und den Namen der Einwohner dieser Länder (Personalform) durch den Konsonantenwechsel:

	Ländernamen	Einwohnernamen
Nom	Niemcy, Węgry, Włochy	Niemcy, Węg**rzy**, Wło**si**
Gen	Niemiec, Węgier, Włoch	Niemc**ów**, Węgr**ów**, Włoch**ów**
Dat	Niemcom, Węgrom, Włochom	Niemcom, Węgrom, Włochom
Akk	**Niemcy, Węgry, Włochy**	**Niemców, Węgrów, Włochów**
Instr	Niemcami, Węgrami, Włochami	Niemcami, Węgrami, Włochami
Lok	w Niem**czech**, **na** Węg**rzech**, we Wło**szech**	o Niem**cach**, Węg**rach**, Wło**chach**
Vok	Niemcy! Węgry! Włochy!	Niemcy! Węgrzy! Włosi!

§15 Fremdwörter im Polnischen

Fremdwörter *(wyrazy obce)* werden, anders als im Deutschen, orthografisch und phonetisch sehr schnell an die polnische Aussprache und Schreibweise angepasst, um die fremd klingenden und aussehenden Wörter deklinieren zu können, vgl.
biznes Business,
menedżer Manager,
jazz bzw. *dżez* Jazz,
didżej DJ, Discjockey.

---

1. Genus der Fremdwörter
Um Fremdwörter deklinieren zu können, muss man zunächst das Genus bestimmen. Es gibt keine festen Regeln dafür, aber einige Regelmäßigkeiten lassen sich erkennen:
- Fremdwörter, die auf *Konsonanten* auslauten, werden in der Regel den Maskulina zugeordnet, wie *marketing*, *biznes*, *spiker*, *prezenter*, *touchpad*, *show*
- Fremdwörter, die auf den *Vokal* -**a** ausgehen, sind in der Regel Feminina:
  toyota (Auto der Marke Toyota), *Coca Cola*.
  Aber: *deka* (Dekagramm) ist sächlich
- Fremdwörter, die auf -**o** oder -**e** enden, gelten in der Regel als Neutra: *studio*, *kakao*, *kilo*, *euro*

2. Deklination der Fremdwörter
Fremdwörter, die auf einen Konsonanten enden, werden wie Maskulina dekliniert:
spiker Sprecher > *spikera*, *webmaster* > *webmastera*, *laptop* > *laptopa*, *recykling* > *recyklingu*

Fremdwörter auf -**o** können wie Neutra dekliniert werden, z. B. *radio* und *studio*: *słuchać radia*, Radio hören; *nagrać piosenkę w studiu* ein Lied im Studio aufnehmen.

Nicht dekliniert werden Fremdwörter, die sich nicht adaptieren lassen oder in der Aussprache auf einen für das Polnische untypischen Auslaut ausgehen, z. B.
- *jury*: *W jury uczestniczyło pięć osób.*
  Die Jury bestand aus fünf Personen.
- *party*: *Nie mam zdjęć z party.*
  Ich habe keine Fotos von der Party.
- *pepsi*: *Poproszę jedną zimną pepsi.*
  Eine kalte Pepsi bitte.
- *show*: *wystąpić w wielkim show*
  in einer großen Show auftreten
- *menu*: *menu główne* Hauptmenü
- *procent*: Prozent in Verbindung mit Zahlen wird ebenfalls nicht dekliniert:
  Pięć procent uczniów 5 % der Schüler,
  dwa procent ludności 2 % der Bevölkerung.

Bei Fremdwörtern solltest du immer in einem Wörterbuch nachschlagen, welches Genus sie haben und wie sie dekliniert werden.

---

§16 Kurzwörter und Abkürzungen

1. Bildungs- und Schreibweise der Kurzwörter
Es gibt folgende Arten von Kurzwörtern:

Buchstaben- oder Initialkurzwörter: Sie bestehen aus den ersten Buchstaben der Grundwörter. Die Buchstaben werden einzeln, entsprechend ihrem Lautwert, gesprochen und die Betonung liegt auf der letzten Silbe, z. B. *PKP* [pe-ka-**pe**] aus **P***olskie* **K***oleje* **P***aństwowe* Polnische Staatsbahnen, *RFN* [er-ef-**en**] aus **R***epublika* **F***ederalna* **N***iemiec* Bundesrepublik Deutschland, *LO* [el-**o**] aus **L***iceum* **O***gólnokształcące* allgemeinbildendes Lyzeum.

§16

Lautkurzwörter: Sie setzen sich ebenfalls aus den ersten Buchstaben der Grundwörter zusammen, mindestens ein Buchstabe in der Mitte ist jedoch ein Vokal, daher wird das Kurzwort wie eine Silbe ausgesprochen, z. B. *MEN* [men] aus ***M**inisterstwo **E**dukacji **N**arodowej* Ministerium für Nationale Bildung, *PAN* [pan] aus ***P**olska **A**kademia **N**auk* Polnische Akademie der Wissenschaften.

Mischkurzwörter: Sie können sowohl aus Buchstaben als auch aus Silben bestehen und werden zweisilbig gesprochen, z. B. *CBOS* [**ce**-bos] aus ***Ce**ntrum **B**adania **O**pinii **S**połecznej* (polnisches Meinungsforschungsinstitut), *Cepelia* [ce-**pe**-lia], eigentlich *CPLiA* aus ***C**entrala **P**rzemysłu **L**udowego **i** **A**rtystycznego* Zentrale für Volkskunst. Diese Kurzwörter werden regulär auf der vorletzten Silbe betont.

Substantivische Komponenten in Buchstabenkurzwörtern werden in der Regel mit Großbuchstaben geschrieben: *PKP*, *LO*, *MEN*.
Kleingeschrieben werden Hilfswörter: *PiS* (*Prawo i Sprawiedliwość* Recht und Gerechtigkeit, der Name einer Partei).

Bei häufig gebrauchten Kurzwörtern gibt es in der Alltags- und Mediensprache oft Kleinschreibung: *sms, mms, dvd*, wobei es die Schreibweise *esemes, ememes, diwidi* (sprich: *es-em-**e**s*, *em-em-**e**s*, *di-wi-d**i***) auch gibt. In der gepflegten Sprache wird jedoch die Großschreibung bevorzugt: *SMS*, *DVD*, *MMS*.

---

2. Genus und Deklination der Kurzwörter

Das Genus der Kurzwörter und der Numerus richten sich entweder nach dem Genus und Numerus des *Grundwortes* der vollen Bezeichnung, z. B. *MEN* **Ministerstwo** *Edukacji Narodowej* = **to** *MEN* (Neutrum) oder nach dem letzten Buchstaben bzw. Laut des Kurzwortes: *ME***N** = **ten** *MEN* (Maskulinum). Der Unterschied ist stilistisch. In der gepflegten, offiziellen Schriftsprache wird die erste Variante bevorzugt:
*MEN zapowiedział**o** obniżenie wieku szkolnego.* Das Ministerium für Nationale Bildung MEN kündigte die Herabsetzung des Schulalters an.

Konsonantisch auslautende Kurzwörter können dekliniert werden, z. B. *MEN-u*, *MEN-owi*, *RFN-u*. Die Deklinationsendungen werden mit Bindestrich angeschlossen. In der gepflegten Sprache und im offiziellen Schriftverkehr bleiben Kurzwörter allerdings undekliniert: *Minister Spraw Zagranicznych RFN prowadził rozmowy z ...* Der Außenminister der BRD führte Gespräche mit ...

Internationale Kurzwörter werden oft direkt ins Polnische übernommen und adaptiert wie *UNESCO* [ju-**nes**-ko], *UNICEF* [ju-**ni**-sef], *HIV* [hif], *AIDS* oder *aids* [ejts] und dann wie polnische Kurzwörter behandelt.

---

3. Abkürzungen

Im Unterschied zu Kurzwörtern sind Abkürzungen *(skróty)* nur schriftliche Buchstabenverbindungen, die jedoch in voller Form gesprochen werden. Häufige Abkürzungen sind die Titel *mgr* (magister), *dr* (doktor), *prof.* (profesor), *inż.* (inżynier – Ingenieur), aber auch *nr* (numer – Nummer), *np.* (na przykład – zum Beispiel), *ds.* (do spraw – für), *m. in.* (między innymi – u. a.), *n / Odrą* (*nad Odrą* – an der Oder), *św.* (*święty* – heilig), *im.* (*imienia* – mit Namen, namens).

Abkürzungen werden mit oder ohne Punkt geschrieben. Endet eine solche Abkürzung mit dem letzten Buchstaben der Vollform, steht **kein Punkt** nach der Abkürzung, z. B.
nr – **n**ume**r**,
dr – **d**okto**r**,
mgr – **ma**gister.

Enthält die Abkürzung nicht den letzten Buchstaben, dann wird **ein Punkt** gesetzt, z. B.
prof. – profesor,
inż. – inżynier,
np. – na przykład.

§17 Kasusgebrauch im Polnischen

Die polnischen Kasus werden wie im Deutschen mit Präposition (Ausnahme: Nominativ und Vokativ) und auch ohne Präposition (Ausnahme: Lokativ) verwendet. Die Funktionen, in denen die Kasus auftreten, sind mit den Kasus im Deutschen nicht immer vergleichbar. Daher hier eine Übersicht vor allem über diejenigen, in denen es Unterschiede zum Deutschen gibt:

1. Nominativ

a) Der Nominativ (Nom) *(mianownik)* hat vor allem die Funktion des Subjektkasus:
Mój brat jest chory. Mein Bruder ist krank.

b) Das Substantiv im Nominativ ist in einem mit **to** zusammengesetzten Prädikat auch ***Prädikatsnomen***: *Sejm to pierwsza izba parlamentu Rzeczypospolitej Polskiej.*
Der Sejm ist die erste Kammer des Parlaments der Republik Polen.
Im Nominativ steht das substantivische Prädikatsnomen auch dann, wenn es ein Eigenname ist:
Jestem Magda Zawadzka.
Ich bin Magda Zawadzka.

---

2. Genitiv

Der Genitiv (Gen) *(dopełniacz)* ist einer der wichtigsten Kasus im Polnischen und hat im Satz eine viel größere Bedeutung als im Deutschen. Von den Funktionen sind hier vor allem diejenigen aufgeführt, die vom Deutschen abweichen.

a) Genitiv beim verneinten Akkusativobjekt
Ein ***verneintes direktes Objekt*** (Akkusativobjekt) *(dopełnienie bliższe)* steht immer im Genitiv:

*Znam t**ę** książk**ę**.*
Ich kenne dieses Buch.
Nie znam **tej** *książk***i**.
Ich kenne dieses Buch nicht.

Widziałam **ten** *film*.
Ich habe den Film gesehen.
Nie widziałam **tego** *film***u**.
Ich habe diesen Film nicht gesehen.

b) Teilungsgenitiv (partitiver Genitiv)
Er steht nach einigen perfektiven ***transitiven*** Verben, um anzuzeigen, dass sich die vom Verb benannte Tätigkeit nur auf einen Teil des genannten Objekts bezieht. Meist handelt es sich dabei um Stoffnamen:
kupić cukru, herbaty, cukierków
(etwas) Zucker, Tee, ein paar Bonbons kaufen
wziąć sobie chleba, masła
sich (etwas) Brot, Butter nehmen
przynieść chleba, masła
(etwas) Brot, Butter bringen

Im Deutschen wird diese partitive Nuance durch den Null-Artikel ausgedrückt: ***Brot kaufen*** im Unterschied zu ***das / ein Brot kaufen***.

c) Genitiv anstelle des Nominativs in unpersönlichen Sätzen mit den Elementen:

nie ma + Gen	es gibt kein,
nie będzie + Gen	es wird ... kein / nicht geben,
nie było + Gen	es gab kein,
nie byłoby + Gen	es gäbe kein,

die jeweils das Nichtvorhandensein einer Sache ausdrücken, z. B.:

Ojciec *jest (był) w pokoju.*
Der Vater ist (war) im Zimmer.
Ojca *nie ma (nie było) w pokoju.*
Der Vater ist nicht (war nicht) im Zimmer.
Książka *jest na stole.*
Das Buch ist auf dem Tisch.
Książki *nie ma (nie było) na stole.*
Das Buch ist nicht (war nicht) auf dem Tisch.
Były **owoce.**
Es gab Obst.
Nie było **owoców.**
Es gab kein Obst.

§17

d) Genitiv nach bestimmten, häufig vorkommenden Verben (Rektion):

Die folgenden Verben mit Genitivrektion stehen im Deutschen mit Akkusativ. Merke dir also diese Verben mit ihrer Rektion gut, denn sie kommen sehr häufig vor:

bronić verteidigen
słuchać zuhören, hören
używać benutzen
uczyć lehren
życzyć wünschen
chcieć wollen
zapominać vergessen
dotyczyć betreffen
uczyć się lernen

Używaj słownika!
Benutze ein Wörterbuch!
Chętnie słucham muzyki.
Ich höre gern Musik.

Verben des Forderns, Verlangens, Erwartens:
wymagać, domagać się fordern
potrzebować benötigen
pragnąć begehren, wünschen
oczekiwać erwarten
szukać suchen

Oczekuję listu.
Ich erwarte einen Brief.
Potrzebuję, szukam pomocy.
Ich brauche, suche Hilfe.

Gefühlsverben:
żałować bedauern
nienawidzić hassen
bać się sich fürchten
wstydzić się sich schämen

Dziecko boi się ciemności.
Das Kind hat Angst vor der Dunkelheit.

ubywać abnehmen, weniger werden
przybywać zunehmen, mehr werden
wystarczyć ausreichen
brakować mangeln, fehlen
(in unpersönlichen Sätzen)

W rzece ubywa wody.
Der Fluss führt immer weniger Wasser.
Brakuje mi pieniędzy.
Mir fehlt Geld.

e) Genitiv nach folgenden Adverbien:
szkoda schade
trzeba nötig, erforderlich
żal etw. tut leid, z. B.:
Szkoda czasu.
Schade um die Zeit.
Żal mi dzieci.
Die Kinder tun mir leid.

f) Genitiv bei Datumsangaben, z. B. *Jedenastego listopada* am 11. November sowie bei festen Wendungen wie *pewnego dnia* eines Tages.

g) Genitiv nach Zahlwörtern (siehe §46.3)
Die Zahlwörter im Polnischen zeichnen sich gegenüber dem Deutschen durch feste Rektionsverhältnisse aus. Die Grundzahlen von 5 an aufwärts verlangen den Genitiv Plural:
sześć domów, książek, okien
sechs Häuser, Bücher, Fenster.
Das betrifft auch andere Gruppen von Zahlwörtern wie Kollektivzahlwörter (siehe § 48) oder unbestimmte Zahlwörter (siehe § 49).

h) Genitiv nach Präpositionen
Dazu gehören: *bez* ohne, *dla* für, *do* bis, zu, *od* von, *u* bei, *obok* neben, *koło* neben, bei (siehe §52).

---

3. Dativ

a) Der Dativ (Dat) *(celownik)* zeigt wie im Deutschen *ein indirektes Objekt (dopełnienie dalsze)* an:
Uczeń daje koleżance książkę.
Der Schüler gibt der Mitschülerin ein Buch.

b) Der Dativ steht in *häufig gebrauchten unpersönlichen Konstruktionen*, in denen er die Funktion des inhaltlichen Subjekts hat:

Nie wolno **mi** + Verb > ich darf nicht:
Nie wolno **mi** *mówić o tym.*
Ich darf darüber nicht reden.

Żal **mi** + Genitiv > es tut mir leid:
Żal **mi** *ciebie.*
Es tut **mir** leid um dich.
Du tust **mir** leid.

Chce **mi** *się* + Verb > ich möchte gern:
Chce **mi** *się spać (pić, iść).*
Ich möchte schlafen (trinken, gehen).

Zdaje (wydaje) **mi** *się* > es scheint mir:
Zdaje **mi** *się, że znam ten film.*
Mir scheint, ich kenne den Film.

Trzeba **mi, ci, mu** > ich, du, er usw. muss:
Trzeba **nam** *o tym mówić.*
Wir müssen darüber reden.

Jest **mi** *smutno. Smutno* **mi**.
Ich bin traurig. / **Mir** ist traurig zumute.
Robi **mi** *się smutno.*
Ich werde traurig. / **Mir** wird traurig zumute.

Brakuje **nam** *czasu.*
Es fehlt **uns** Zeit. / **Uns** fehlt Zeit.

c) Wie der Genitiv steht auch der Dativ nach einigen Verben, die im Deutschen den Akkusativ regieren, z. B. *towarzyszyć* begleiten, *zazdrościć* beneiden.

d) Der Dativ steht nach den Präpositionen *ku* zu, *po* durch, *dzięki* dank, *przeciw(ko)* gegen, *naprzeciw(ko)* gegenüber (siehe §52).

---

4. Akkusativ

a) Der Akkusativ (Akk) *(biernik)* hat wie im Deutschen vor allem die Funktion des *direkten Objekts (dopełnienie bliższe)*. Wird dieses Objekt verneint, dann steht es im Genitiv (siehe §17.2).

b) Der Akkusativ wird auch *mit Präpositionen* gebraucht. Dabei ist *przez* (durch) die einzige Präposition, die ausschließlich mit dem Akkusativ verwendet wird. Alle anderen Präpositionen kommen auch bei anderen Kasus vor, z. B. *w* in, *na* auf, *po* um, *pod* unter, *nad* an, über, *między* zwischen, *przed* vor (siehe §52).

! Einige Verben, die im Deutschen mit dem Akkusativ gebraucht werden, ziehen im Polnischen den Genitiv nach sich (siehe §17.2), z. B.:
bronić verteidigen
chcieć mögen
życzyć wünschen

---

5. Instrumental

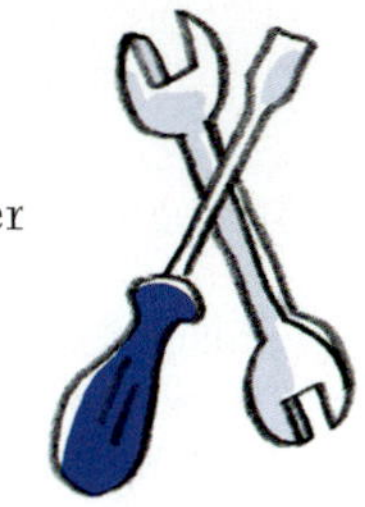

a) Der Instrumental (Instr) *(narzędnik)* bezeichnet, wie der Name sagt, am häufigsten ein *Instrument, Mittel oder Werkzeug*, mit dem eine Tätigkeit ausgeführt wird.

! In dieser Funktion entspricht dem polnischen Instrumental im Deutschen das präpositionale Dativobjekt mit der Präposition *mit*. Das *mit* (Polnisch **z**) wird im Polnischen in dieser Bedeutung jedoch *nicht* verwendet:
Pisać długopisem.
mit dem Kugelschreiber schreiben
Jeść nożem i widelcem.
mit Messer und Gabel essen
Auch Verkehrsmittel gehören dazu:
lecieć samolotem
mit dem Flugzeug fliegen
jechać pociągiem, samochodem, autobusem
mit dem Zug, dem Auto, dem Bus fahren

b) Der Instrumental wird im Polnischen in Verbindung mit den Verben *być* sein, *zostać* werden, *stać się* (werden) zum Ausdruck des *substantivischen Prädikatsnomens* verwendet (§18.3):
Karol jest Polakiem. Karol ist Pole. *Ewa jest studentką.* Ewa ist Studentin.

c) Der Instrumental kann, ebenfalls ohne Präposition, die *zeitlichen* oder *örtlichen Umstände* nennen, unter denen eine Handlung stattfindet:
iść drogą, polami
über einen Weg, über Felder laufen
latem im Sommer
wiosną im Frühling
zimą im Winter
jesienią im Herbst
nocą nachts
całymi nocami
nächtelang, ganze Nächte hindurch

Wiosną byłam we Włoszech.
Im Frühjahr war ich in Italien.
Pracuję całymi nocami.
Ich arbeite ganze Nächte hindurch.

d) Der Instrumental steht im Polnischen *nach einigen transitiven Verben* mit der Bedeutung des Regierens, Lenkens, z. B.:

rządzić regieren
kierować lenken
administrować verwalten
dyrygować dirigieren

Es heißt also:
rządzić krajem
das Land regieren
administrować urzędem
ein Amt verwalten
kierować samochodem
ein Auto lenken
dyrygować orkiestrą, chórem
ein Orchester, einen Chor dirigieren

Weitere Verben mit vom Deutschen abweichender Rektion im Instrumental sind:

posługiwać się benutzen, sich bedienen
handlować mit etw. handeln
przejmować się sich etw. zu Herzen nehmen
zajmować się sich beschäftigen mit
interesować się sich interessieren für

z. B. *handlować komputerami*
mit Computern handeln
zajmować się historią szkoły
sich **mit** der Geschichte der Schule beschäftigen

e) *Präpositionen*, die den Instrumental regieren, sind z. B. *między* zwischen, *z* mit, *za* hinter, *przed* vor, *nad* über, *pod* unter (siehe §52).

---

6. Lokativ

Der Lokativ (Lok) *(miejscownik)*, auch Präpositiv genannt, wird nur mit Präpositionen verwendet. Von den Präpositionen *przy* bei, *na* auf, *w* in, *o* über, *po* nach ist *przy* die einzige, die ausschließlich mit dem Lokativ verwendet wird; die übrigen werden auch mit dem Akkusativ gebraucht (siehe §52).

---

7. Vokativ

a) Der Vokativ (Vok) *(wołacz)* ist mit anderen Satzgliedern syntaktisch nicht verbunden, sondern steht als *Anredefall* allein, er ist kein Satzglied. Daher wird er auch durch ein Komma vom übrigen Kontext getrennt. Eigene, vom Nominativ abweichende Formen hat er nur bei den Maskulina und Feminina im Singular; in den übrigen Fällen stimmen die Endungen des Vokativs mit dem Nominativ überein.

b) In der Anrede mit den Titeln *profesor*, *doktor* usw. ist bei Frauen der Vokativ gleich dem Nominativ: *Pani Profesor! Pani Doktor!*

c) Bei der Anrede mit dem *Vornamen* ist in der Gegenwartssprache, vor allem in der gesprochenen Variante, eine deutliche Tendenz zu erkennen, die Vokativendungen durch die Nominativendungen zu ersetzen, vgl.:
Marek, gdzie kupiłeś tę płytę?
Marek, wo hast du diese CD / Schallplatte gekauft?
Anstelle von: *Marku, gdzie kupiłeś tę płytę?*
Andrzej, kiedy wrócisz?
Andrzej, wann kommst du wieder?
Anstelle von: *Andrzeju, kiedy wrócisz?*

In der geschriebenen Sprache wird der Vokativ hingegen nach wie vor verwendet.

d) Darüber hinaus gibt es eine Reihe von Fällen und Situationen, bei denen der Vokativ auch in der gesprochenen Sprache verwendet werden muss.
- In festen Anredeformeln bei Titeln:
  Panie Doktorze! Panie Prezesie!
  Herr Doktor! Herr Vorsitzender!
- Wenn vor dem Vokativ noch ein Attribut steht:
  Moja droga Basiu!
  Meine liebe Basia!
- Nach dem Personalpronomen der 2. Person:
  Ty kłamczuchu!
  Du Lügner!
- In festen interjektionalen Wendungen:
  O Boże!
  Oh Gott!

§18 Funktionen des Substantivs im Satz

Wie im Deutschen kann das Substantiv in der Funktion fast aller Satzglieder *(części zdania)* (Subjekt, Prädikat, Objekt, Adverbialbestimmung und Attribut) auftreten.

Uczeń *ogląda* **telewizję**. > Subjekt, Objekt
Der Schüler sieht fern.
Marek *jest dobrym* **uczniem**. > Subjekt, Prädikat
Marek ist ein guter Schüler.
To jest długopis **ucznia**. > Attribut
Das ist der Kugelschreiber des Schülers.
Rodzice mieszkają **na wsi**. > Adverbialbestimmung
Die Eltern wohnen auf dem Dorf.

! Einige Funktionen des polnischen Substantivs im Satz zeigen Unterschiede zum Deutschen:

1. Substantive als Apposition

Die Apposition *(przydawka rzeczowna, dopowiedzenie)* ist ein substantivisches Attribut zu einem anderen Substantiv, mit dem es in Kasus und Numerus übereinstimmt:
miasto Warszawa die Stadt Warschau –
w mieście Warszawie in der Stadt Warschau

Eine spezifische Form der Apposition im Polnischen sind „Doppelsubstantive“ wie:
inżynier elektryk wörtl. Ingenieur Elektriker
kobieta inżynier wörtl. Frau Ingenieur
lekarz dentysta wörtl. Arzt Dentist
maturzysta optymista wörtl. Abiturient Optimist
Matka Polka wörtl. Mutter Polin

Beide Substantive bilden zusammen einen Begriff und beide werden dekliniert:
Jej ojciec jest **inżynierem elektrykiem**.
Ihr Vater ist Elektroingenieur.
Angela Merkel jest pierwszą w historii Niemiec **kobietą kanclerzem**.
Angela Merkel ist die erste Bundeskanzlerin / die erste Frau als Bundeskanzler in der Geschichte Deutschlands.

Oft können diese Bildungen im Deutschen durch ein Kompositum wiedergegeben werden, vgl.:
inżynier elektryk Elektroingenieur
lekarz dentysta Zahnarzt
In vielen anderen Fällen kann man ihre Bedeutung jedoch nur umschreiben:
maturzysta optymista ein Abiturient voller Optimismus, ein optimistischer Abiturient
Bei *Matka Polka* hat sich im Deutschen bereits die für Deutsche ungewöhnliche wörtl. Übersetzung *Mutter Polin* eingebürgert.

---

2. Substantive als präpositionales Attribut

Viel häufiger als im Deutschen kommen im Polnischen präpositionale Attribute *(przydawka przyimkowa)* vor, denen im Deutschen sehr oft Komposita entsprechen, z. B.:
kompot z jabłek Apfelkompott
szczoteczka do zębów Zahnbürste
klucz od szafy Schrankschlüssel (siehe § 19.5)

---

3. Substantive als Prädikatsnomen

In einem zusammengesetzten Prädikat *(orzeczenie złożone)* hat das Substantiv die Funktion des Prädikatsnomens *(orzecznik)*. Als Kopula *(łącznik)* treten die Formen von *być* (sein), *stać się*, *zostać* (werden) auf. Das Substantiv steht dann im Instrumental. Übernimmt jedoch die Partikel *to* die Funktion der Kopula, steht das Substantiv im Nominativ:

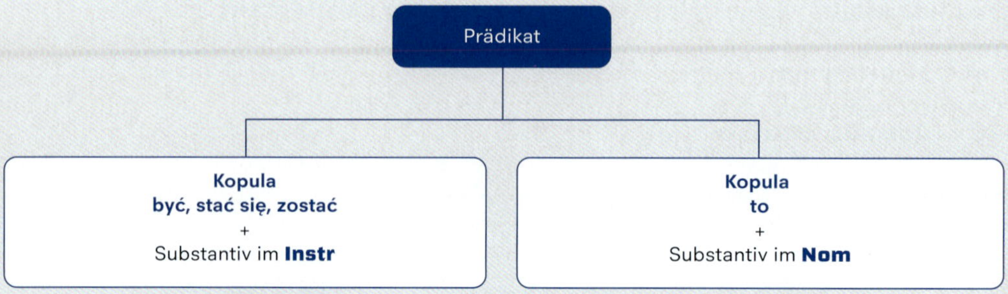

Matka Joanny jest znaną lekarką.	**Matka Joanny to znana lekarka.**
Joannas Mutter ist eine bekannte Ärztin.	Joannas Mutter ist eine bekannte Ärztin.
Czesław Miłosz jest laureatem Nagrody Nobla.	**Czesław Miłosz to laureat Nagrody Nobla.**
Czesław Miłosz ist Nobelpreisträger.	Czesław Miłosz ist Nobelpreisträger.
Daniel został świetnym aktorem.	**Daniel to świetny aktor.**
Daniel ist ein ausgezeichneter Schauspieler geworden.	Daniel ist ein ausgezeichneter Schauspieler.

Ist das substantivische Prädikatsnomen ein Eigenname, steht es auch im Nominativ, z. B.
Dzień dobry! Jestem **Katarzyna Olechowska**.
Aber: *Jestem* **studentką** *pierwszego roku.*
Guten Tag! Ich bin Katarzyna Olechowska. Ich bin Studentin des ersten Studienjahres.

§19 Bildung von Substantiven

Neue Wörter entstehen auf der Grundlage von vorhandenen, indem vom Stamm eines Grundwortes mithilfe von Präfixen und / oder Suffixen neue Wörter gebildet werden.

1. Maskuline und feminine Berufsbezeichnungen

Maskulina, die einen Beruf bezeichnen, werden von einem Substantiv oder Verb mithilfe verschiedener Suffixe, z. B. -**ciel**, -**ca**, -**arz**, -**owiec**, -**nik**, abgeleitet. Von der männlichen Berufsbezeichnung kann dann mithilfe von -**(ar)ka** und (seltener) -**yni** die weibliche Form gebildet werden:

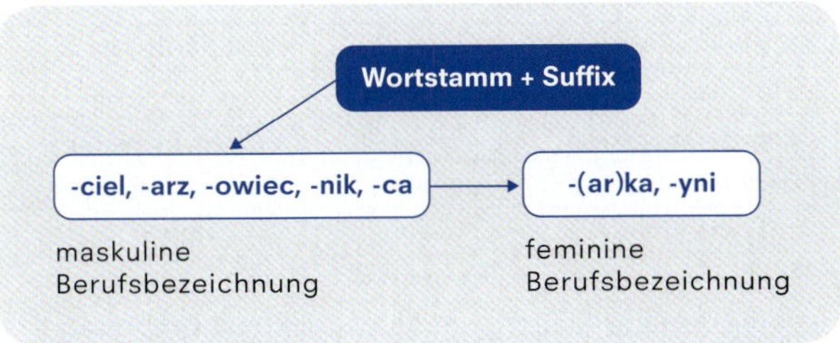

z. B.:

-(ar)ka

dziennikarz > **dziennikarka** Journalistin
pisarz > **pisarka** Schriftstellerin
kierownik > **kierowniczka** Leiterin
nauczyciel > **nauczycielka** Lehrerin
dyrektor > **dyrektorka** Direktorin

-yni

sprzedawca > **sprzedawczyni** Verkäuferin
wychowawca > **wychowawczyni** Erzieherin
znawca > **znawczyni** Kennerin
gospodarz > **gospodyni** Bäuerin; Hausherrin
mistrz > **mistrzyni** Meisterin

Es lassen sich jedoch nicht von allen maskulinen Berufsbezeichnungen weibliche Formen auf -**(ar)ka** und -**yni** ableiten.

§19

2. Nationalitäten- und Einwohnernamen

Zu den Wörtern, die mithilfe von Suffixen vom Substantiv- oder Adjektivstamm abgeleitet werden, gehören auch die Namen von Nationalitäten und Einwohner(inne)n. Die wichtigsten Suffixe sind -**czyk**, -**anin**, -**ak**:

Länder- und Städtenamen	Einwohnernamen
	Suffix -czyk
Dania Dänemark	**Duńczyk, Dunka**
Estonia Estland	**Estończyk, Estonka**
Irlandia Irland	**Irlandczyk, Irlandka**
Japonia Japan	**Japończyk, Japonka**
Kanada Kanada	**Kanadyjczyk, Kanadyjka**
Chiny China	**Chińczyk, Chinka**
Berlin Berlin	**berlińczyk, berlinianka**
Londyn London	**londyńczyk, londynka**
	Suffix -anin
Ameryka Amerika	**Amerykanin, Amerykanka**
Rosja Russland	**Rosjanin, Rosjanka**
Wrocław Breslau	**wrocławianin, wrocławianka**
Gdańsk Danzig	**gdańszczanin, gdańszczanka**
Warszawa Warschau	**warszawianin, warszawianka**
Poznań Posen	**poznanianin, poznanianka**
Kraków Krakau	**krakowianin, krakowianka**
	Suffix -ak
Polska Polen	**Polak, Polka**
Słowacja Slowakei	**Słowak, Słowaczka**
Austria Österreich	**Austriak, Austriaczka**
Warszawa Warschau	**warszawiak (ugs.)**
Poznań Posen	**poznaniak (ugs.)**
Kraków Krakau	**krakowiak (ugs.)**

Die auf -**czyk** und -**anin** ausgehenden Maskulina verlieren das Suffix bei der Bildung der weiblichen Form z. T.:
londyń-**czyk** > *londyn*-**ka**
Rosj-**anin** > *Rosj*-**anka**

Auch in der Wortbildung der Namen kommt es zum Lautwechsel:
k > cz *Słowak* > *Słowaczka*
ń > n *Chińczyk* > *Chinka*

Namen von Nationalitäten werden *groß geschrieben*, Einwohnernamen für Städte hingegen *klein*.

Seltener treten zur Bildung von Einwohnernamen -**ik** und -**ec** auf, z. B.:
Anglik > *Angielka*
Niemiec > *Niemka*
Ukrainiec > *Ukrainka*

Eine Reihe von Namen für Nationalitäten wird ohne Suffix von der Nationenbezeichnung (Substantiv, seltener Adjektiv) abgeleitet. Hier die wichtigsten:

Land	Adjektiv	Name
Arabia Arabien	**arabski**	**Arab, Arabka**
Belgia Belgien	**belgijski**	**Belg, Belgijka**
Bułgaria Bulgarien	**bułgarski**	**Bułgar, Bułgarka**
Czechy Tschechien	**czeski**	**Czech, Czeszka**
Finlandia Finnland	**fiński**	**Fin, Finka**
Francja Frankreich	**francuski**	**Francuz, Francuzka**
Grecja Griechenland	**grecki**	**Grek, Greczynka**
Hiszpania Spanien	**hiszpański**	**Hiszpan, Hiszpanka**
Litwa Litauen	**litewski**	**Litwin, Litwinka**
Łotwa Lettland	**łotyski**	**Łotysz, Łotyszka**
Norwegia Norwegen	**norweski**	**Norweg, Norweżka**
Rumunia Rumänien	**rumuński**	**Rumun, Rumunka**
Szwecja Schweden	**szwedzki**	**Szwed, Szwedka**
Turcja Türkei	**turecki**	**Turek, Turczynka**
Węgry Ungarn	**węgierski**	**Węgier, Węgierka**
Włochy Italien	**włoski**	**Włoch, Włoszka**

3. Bezeichnungen für Räumlichkeiten

Mit dem Suffix -**nia** (erweitert -**alnia**, -**arnia**, -**ownia**) werden viele Bezeichnungen für geschlossene Räume – Geschäfte, Gaststätten, Werkstätten usw. – gebildet. Im Straßenbild kann man häufig Schildern und Aufschriften begegnen wie:

cukiernia Konditorei
księgarnia Buchhandlung
kwiaciarnia Blumengeschäft
kawiarnia Cafe
herbaciarnia Teestube
pralnia Wäscherei
przymierzalnia Umkleidekabine
jadalnia Speisesaal
siłownia Fitnesscenter

Insbesondere Imbissketten erfinden immer neue, fantasievolle Namen für ihre Lokalitäten; bei einem Besuch in Polen kann man sie überall antreffen, z. B.:
pierogarnia
Lokal, in dem Piroggen in allen Varianten angeboten werden
naleśnikarnia
Lokal, in dem Pfannkuchenvariationen auf dem Speiseplan stehen
szaszłykarnia Schaschlikbar
plackarnia Kartoffelpufferbar

---

4. Diminutive

Die polnische Sprache hat eine ausgeprägte Vorliebe für die Verwendung von Verkleinerungs- und Verniedlichungsformen *(zdrobnienia)* bzw. Koseformen *(spieszczenia)*. Es gibt eine Vielfalt von Möglichkeiten, solche Formen zu bilden, und es gibt mehrere Abstufungen der Verkleinerung. Im Deutschen sind weniger Suffixe vorhanden und Diminutive werden auch sparsamer verwendet. Sogar in der Kindersprache, wo Verniedlichungen und Verkleinerungen typisch sind, treten sie im Vergleich zum Polnischen viel seltener auf.

a) Erste Stufe der Verkleinerung

Und so werden Diminutive gebildet:

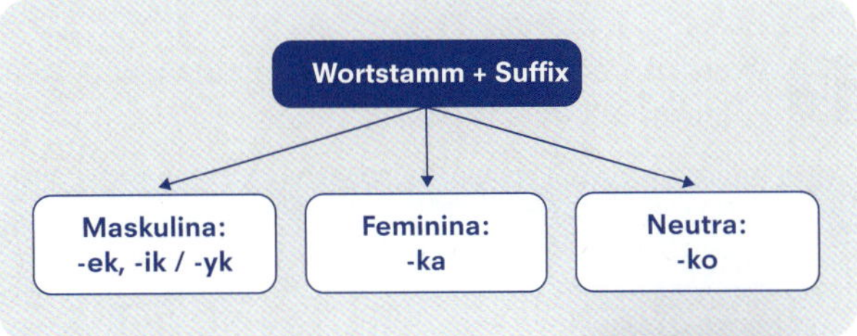

pies > *piesek* Hündchen
góra > *górka* Bergchen*
mleko > *mleczko* Milchchen*
stół > *stolik* Tischlein
małpa > *małpka* Äffchen
okno > *okienko* Fensterchen

*Im Deutschen gibt es vor allem die Verkleinerungssuffixe **-chen** bzw. **-lein**. Aber wie die obigen Beispiele zeigen, sind sie, selbst wenn man sie verwenden kann, nicht immer gebräuchlich.

b) Zweite Stufe der Verkleinerung

Es gibt im Polnischen noch eine weitere Stufe der Verkleinerung (Diminuierung), indem an die bereits verkleinerte Form zur Verstärkung ein weiteres Suffix -**ecz-ek / -icz-ek, -ecz-ka**, -**ecz-ko** angefügt wird, z. B.:

	1. Stufe:	2. Stufe

dom Haus	*dom* + *ek* Häuschen, Häuslein	*dom* + *eczek* Häuselchen*, klitzekleines Häuschen

stół Tisch	*stół* + *ik* = *stolik* Tischchen, Tischlein	*stół* + *iczek* = *stoliczek* Tischelchen*, klitzekleines Tischlein

stół Tisch > *stolik* > *stoliczek*
pies Hund > *piesek* > *pieseczek*
małpa Affe > *małpka* > *małpeczka*
okno Fenster > *okienko* > *okieneczko*

Diese doppelte „Verkleinerung" kommt im Deutschen selten vor, vgl. *Häuselchen, Tischelchen*. Meist kann man diese Nuance der Verkleinerung nur durch Hinzufügen des Adjektivs *klein* wiedergeben: *kleines Äffchen, Fensterchen, Hündchen, Tischchen*.

Oft unterstreicht das Suffix im Polnischen nicht die tatsächlich vorhandene oder subjektiv empfundene Kleinheit, sondern verleiht dem Wort größere Expressivität und Emotionalität. Dabei kann die „Kleinheit" völlig in den Hintergrund geraten, z. B.
dzień Tag > *dzionek* der schöne Tag
słońce Sonne > *słoneczko, słonko* die liebe Sonne
Ale słoneczko dzisiaj grzeje! Na, die (liebe) Sonne brennt heute aber ganz schön!

In dieser Funktion schafft die Verwendung eines Diminutivs eine Atmosphäre von Vertraulichkeit oder Zuvorkommenheit gegenüber dem Gesprächspartner. Man sollte sich also nicht wundern, wenn man vom Kellner gefragt wird: *Dla Pani może* **herbatkę** *lub* **kawkę***? A może jeszcze* **ciasteczko***?* Für Sie vielleicht einen (guten) Tee oder eine (schöne Tasse) Kaffee? Oder vielleicht noch ein (schönes) Stückchen Kuchen?

Diese Nuance der polnischen Diminutive lässt sich im Deutschen meist nicht mit einem Diminutiv wiedergeben, wer würde schon einer fremden Person gegenüber sagen: „Möchten Sie vielleicht ein Teechen oder Käffchen?"

c) Kosewörter

Auch die Kosenamen *(spieszczenia)* für nahe stehende Personen und Tiere, zu denen man ein sehr emotionales Verhältnis hat, sind in großer Vielfalt bildbar und werden ausgiebig verwendet. Hier tritt die Bedeutung der Kleinheit völlig in den Hintergrund. Neben den Diminutivsuffixen -**ek**, -**ik** gibt es einige spezielle Suffixe für die Bildung von Koseformen, wie -**(i)o**, -**uś / -usia**, -**ula**, -**ulek**, -**unia**:

tata
Vati > *tatula, tatulek, tatuś, tatusiek, tatuleczek, tatuńcio* Papa, Pappi, Pappilein…
mama
Mutti > *mamusia, mamunia, mamuńka, mamuńcia, mamuśka, mamuś*
Mama, Mami, Mamilein …
babcia
Oma > *babusia, babunia, babula, babulka, babuleczka, babuleńka*
Omi, Omilein, Omileinchen…
córka
Tochter > *córeczka, córeńka, córunia, córcia, córuś, córusia* Töchterlein…
ciotka
Tante > *cioteczka, ciotuchna, ciotusia, ciotula, ciotulka* Tantchen…
kot
Katze > *kotek, koteczek, kiciuś*
Kätzchen, Mieze, Miezekätzchen…
pies
Hund > *piesek, pieseczek, piesio* Hündchen…

Das Genus und damit der Deklinationstyp des Ausgangsworts bleibt bei diesen Koseformen erhalten, vgl. **pies** (mask.) > **piesio**, Gen **piesia**, Dat **piesiowi**; **tata** (mask.) > **tatuś**, Gen **tatusia**, Dat **tatusiowi**; **córka** (fem.) > **córuś**, Gen **córusi**, Dat **córusi** usw.

Auch an Namen von Personen und Tieren werden solche Verkleinerungssuffixe angefügt, um die emotionale und positive Haltung gegenüber der jeweiligen Person oder dem Lebewesen auszudrücken:
Jan > *Janek*, *Janeczek*; *Halina* > *Halinka*, *Halka*;
Burek (Hundename) > *Bureczek*, *Buruś*, *Burunio*, *Buruńcio*
Azor (Hundename) > *Azorek*, *Azoreczek*, *Azoruś*, *Azorunio*, *Azorulek*

In der polnischen Alltagssprache wird auch ein offizieller Vorname in der Regel durch emotionalere Koseformen ersetzt. Es klingt sonst steif und offiziell, fast unhöflich, wenn man jemanden mit der neutralen Namensform *Mirosław*, *Radosław*, *Zofia* anstelle von *Mirek*, *Radek*, *Zosia* anredet. Dabei muss die Beziehung zum Namensträger gar nicht so eng sein. Durch die Verwendung von *pan* bzw. *pani* bleibt eine höfliche Distanz erhalten: *Panie Mirku! Panie Radku! Pani Zosiu!*

Bei der Bildung von Kosenamen kommt es oft zu Verkürzungen im Wortstamm, die mitunter schwer erkennen lassen, auf welchen Namen die Koseformen zurück gehen.

Versuche aus den folgenden Formen die vollen Vornamen zu ermitteln!

Joasia, Joaśka, Aśka, Asia
Tomek, Tomeczek, Tomuś
Olek, Oluś
Kuba, Kubuś
Zenek, Zenuś
Mila, Milka, Miluś, Milcia, Milunia, Emiś
Ziutek, Ziuk, Józik, Józiek

Es handelt sich – hier in ungeordneter Folge – um:
Józef, Tomasz, Aleksander, Jakub, Zenon, Emilia, Joanna.

In der Regel muss man die verkleinernde bzw. expressive Nuance eines polnischen Wortes im Deutschen unausgedrückt lassen, auch wenn es entsprechende Koseformen gibt. Man benutzt sie im Deutschen jedoch viel seltener, vgl. die intimere Verwendung von Kosenamen wie *Evi, Moni(lein), Mäxchen*.

5. Komposita

Ein Kompositum *(złożenie)* ist aus zwei Wortstämmen zusammengesetzt, die meist mithilfe eines **-o-** verbunden werden:

Wortstamm 1 (+ **-o**) + Wortstamm 2 = Kompositum

deska + *rolki* = *desk-o-rolki*
wörtl. „Rollbrett", Inlineskates
sam + *obsługa* = *sam-o-obsługa*
Selbstbedienung
długo + *pis(ać)* = *długo-pis*
wörtl. „Lang(e)schreiber", Kugelschreiber

Im Unterschied zum Deutschen werden Komposita im Polnischen nicht so häufig gebildet. Den deutschen Komposita entsprechen daher sehr oft Wortgruppen.

Adjektive

Das kennst du bereits aus der deutschen Grammatik: Adjektive *(przymiotniki)* nennen Eigenschaften von Substantiven. Sie sind steigerbar und werden dekliniert. Das Adjektiv kann Attribut zu einem Substantiv (*piękna pogoda* schönes Wetter) oder Teil des Prädikats (*pogoda jest piękna* das Wetter ist schön) sein. Adjektive stimmen im Genus, Kasus und Numerus mit dem jeweiligen Substantiv überein. Man nennt das Kongruenz.

§20 Qualitäts- und Beziehungsadjektive

Wir unterscheiden zwischen Qualitätsadjektiven *(przymiotniki jakościowe)* und Beziehungsadjektiven *(przymiotniki relacyjne)*.

? Worin unterscheiden sich die Adjektive in den Wortgruppen der linken und rechten Spalte?

ciepły płaszcz warmer Mantel	**wełniany** płaszcz = płaszcz z wełny Wollmantel
mały dom kleines Haus	dom **studencki** = dom dla studentów Studentenwohnheim
dobry uniwersytet gute Universität	**polski** uniwersytet = uniwersytet w Polsce polnische Universität
trudne zadanie schwere Aufgabe	zadanie **domowe** = zadanie do domu Hausaufgabe
piękny ogród schöner Garten	ogród **warzywny** = ogród z warzywami Gemüsegarten

? Und im Komparativ?

Komparativ	Wie lautete hier der Komparativ?	
cieplejszy płaszcz wärmerer Mantel	**wełniany** płaszcz	?
mniejszy dom kleineres Haus	dom **studencki**	?
lepszy uniwersytet bessere Universität	**polski** uniwersytet	?
trudniejszne zadanie schwerere Aufgabe	zadanie **domowe**	?
piękniejszy ogród schönerer Garten	ogród **warzywny**	?

Wir können mehrere Unterschiede feststellen:

– Die Adjektive der *linken* Spalte (*ciepły*, *mały*, *dobry*, *trudny*, *piękny*) bezeichnen eine ständige Eigenschaft, die Qualität eines Gegenstandes usw. Da diese Qualität abstufbar ist, lassen sich diese Adjektive steigern.
Wir nennen sie *Qualitätsadjektive*.

– Die Adjektive der *rechten* Spalte (*wełniany*, *studencki*, *polski*, *domowy*, *warzywny*) charakterisieren einen Gegenstand usw. durch sein Verhältnis, seine Beziehung oder Relation zu einem anderen, z. B. Zugehörigkeit, Herkunft, Material. Das zeigen die Erklärungen: *wełniany = z wełny* usw. Diese Eigenschaften sind nicht abstufbar, daher lassen sich diese Adjektive nicht steigern.
Wir nennen sie *Beziehungs-* oder *Relationsadjektive*:

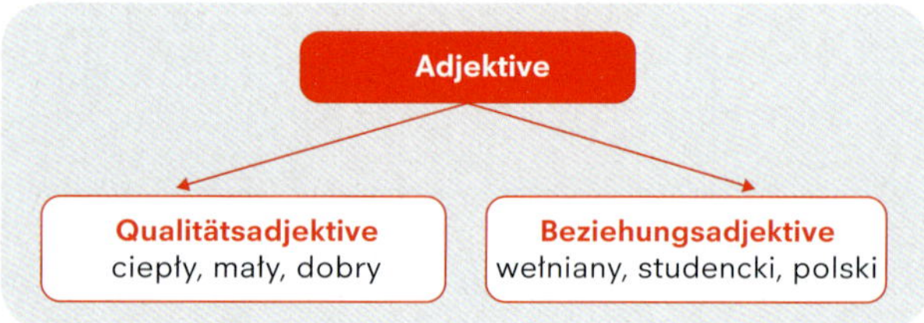

– Der Vergleich der Adjektive zeigt auch, dass die Stellung der Adjektive als Attribut unterschiedlich ist; einige stehen vor, andere nach dem Substantiv (*dom studencki*, aber: *polski uniwersytet*). Zur Stellung des Adjektivs siehe § 23.

§21 Deklination der Adjektive

Wie in der Deklination der Substantive unterscheiden wir auch bei Adjektiven im Singular maskuline (personalmaskuline, belebt-maskuline und unbelebt-maskuline), feminine und neutrale Endungen (z. B. *mały*, *mała*, *małe*), im Plural jedoch nur die Personalform *mali* und die Sachform *małe*. Diese Unterscheidung ist wichtig für die Wahl der Endungen im Nominativ und Akkusativ Singular und Plural.

---

1. Deklination im Singular

Versuche, anhand der rot markierten Endungen Aussagen über die Deklinationsendungen der Adjektive im Singular zu machen!

Singular

	Maskulinum		Neutrum		Femininum	
Nom	mał-**y**	tan-**i**	mał-**e**	tani-**e**	mał-**a**	tani-**a**
Gen	mał-**ego**	tani-**ego**	mał-**ego**	tani-**ego**	mał-**ej**	tani-**ej**
Dat	mał-**emu**	tani-**emu**	mał-**emu**	tani-**emu**	mał-**ej**	tani-**ej**
Akk	mał-**y** / mał-**ego**	tan-**i** / tani-**ego**	mał-**e**	tani-**e**	mał-**ą**	tani-**ą**
Instr	mał-**ym**	tan-**im**	mał-**ym**	tan-**im**	mał-**ą**	tani-**ą**
Lok	mał-**ym**	tan-**im**	mał-**ym**	tan-**im**	mał-**ej**	tani-**ej**
Vok	mał-**y!**	tan-**i!**	mał-**y!**	tani-**e!**	mał-**a!**	tani-**a!**

Wir sehen:
- Die maskulinen und neutralen Deklinationsformen sind bis auf den Nominativ und Akkusativ identisch.
- Belebte Maskulina einschließlich Personenbezeichnungen und unbelebte Maskulina unterscheiden sich im Akkusativ.
- Die femininen Adjektive haben in den abhängigen Kasus im Singular nur zwei Endungen: -**ej** bzw. -**ą**.
- Der Vokativ gleicht in allen drei Genera dem Nominativ.

belebte Maskulina: Akk = Gen
unbelebte Maskulina: Akk = Nom

---

2. Deklination im Plural

Vergleiche:

nowi uczniowie neue Schüler	**nowe podręczniki** neue Lehrbücher
mali chłopcy kleine Jungen	**małe psy** kleine Hunde
znani poeci bekannte Dichter	**ładne dziewczyny** hübsche Mädchen
polscy koledzy polnische Kollegen	**tanie książki** billige Bücher
dobrzy nauczyciele gute Lehrer	**trudne słowa** schwierige Wörter

Im Plural unterscheiden wir nur noch zwischen personalem Genus (Personalform) und nicht personalem Genus (Sachform). Die Unterscheidung zwischen Personalform und Sachform betrifft wie beim Substantiv den Nominativ und den Akkusativ.

Adjektive

§21

Der Vokativ hat auch im Plural immer die Form des Nominativ:

	Personalform			Sachform		
Nom	mal-**i**	polsc-**y**	tan-**i**	mał-**e**	polski-**e**	tani-**e**
Gen	mał-**ych**	polsk-**ich**	tan-**ich**	mał-**ych**	polsk-**ich**	tan-**ich**
Dat	mał-**ym**	polsk-**im**	tan-**im**	mał-**ym**	polsk-**im**	tan-**im**
Akk	**= Gen**			**= Nom**		
Instr	mał-**ymi**	polsk-**imi**	tan-**imi**	mał-**ymi**	polsk-**imi**	tan-**imi**
Lok	mał-**ych**	polsk-**ich**	tan-**ich**	mał-**ych**	polsk-**ich**	tan-**ich**
Vok	mal-**i!**	pol**sc-y!**	tan-**i!**	mał-**e!**	polski-**e!**	tani-**e!**

Im Nominativ tritt bei den Personalmaskulina durch die Endung -**i** wie bei den Substantiven ein Konsonantenwechsel im Stammauslaut ein (siehe §4.1).

Hier noch einmal die Aufstellung des möglichen Konsonantenwechsels in der Deklination der Adjektive:

p > pi	tę**py** dumm; stumpf > tę**pi**	st > ść / ści	pro**sty** einfach > pro**ści**
b > bi	gru**by** dick > gru**bi**	n > ń / ni	ład**ny** hübsch > ład**ni**
m > mi	znajo**my** bekannt > znajo**mi**	ł > l	mały klein > ma**li**
w > wi	cieka**wy** interessant > cieka**wi**	k > c	pol**ski** polnisch > pol**scy**
t > ć / ci	boga**ty** reich > boga**ci**	r > rz	sta**ry** alt > sta**rzy**
g > dzy	ubo**gi** arm > ubo**dzy**	ch > ś / si	ci**chy** still > ci**si**
d > dź / dzi	mło**dy** jung > mło**dzi**	sz > ś / si	lep**szy** bessere > lep**si**
s > ś / si	ły**sy** kahl > ły**si**	ż > ź / zi*	du**ży** groß > du**zi**

*Der Wechsel von ż > ź / zi kommt nur bei *duży* groß > *duzi* vor.

3. Undeklinierbare Adjektive

Es gibt eine Reihe von Adjektiven fremder Herkunft, die keine typisch polnische adjektivische Endung haben und daher undekliniert bleiben. Genus und Kasus werden nur durch das Substantiv angezeigt, zu dem das Adjektiv gehört. Meist handelt es sich um Farbbezeichnungen wie *blond*, *bordo*, z. B.
włosy blond blonde Haare,
skarpetki bordo bordeauxrote Socken.

In jüngster Zeit sind es insbesondere adjektivisch gebrauchte, nachgestellte Internationalismen für Musikrichtungen und technische Neuentwicklungen wie *techno (muzyka techno)*, *wideo (technika wideo, kaseta wideo)*, *open-air (koncert, festiwal open-air)*, *disco (muzyka disco)*. So heißt *wypożyczyć kasetę wideo* eine Videokassette ausleihen, *chętnie słuchać muzyki techno* gern Techno-Musik hören.

4. Adjektivische Pronomen

Wie Adjektive werden auch die adjektivischen Pronomen *(zaimki przymiotne)* dekliniert (siehe §40–45). Hierzu gehören:
- die Demonstrativpronomina *ten*, *ta*, *to* dieser bzw. *tamten*, *tamta*, *tamto* jener,
- die Possessivpronomen *mój*, *moja*, *moje* usw., *swój*, *swoja*, *swoje* mein, dein usw.,
- die Interrogativ- und Relativpronomen wie *czyj*, *czyja*, *czyje* wessen;
  który, *która*, *które* welcher, welches, welche;
  jaki, *jaka*, *jakie* was für ein.

§22 Komparation der Adjektive

Aus § 20 wissen wir, dass nur Qualitätsadjektive gesteigert werden können, Beziehungsadjektive dagegen nicht.

Wir unterscheiden bei der Komparation der Adjektive *(stopniowanie przymiotników)* drei Steigerungsstufen:

Grundstufe
= Positiv *(stopień równy)*

erste Steigerungsstufe
= Komparativ *(stopień wyższy)*

zweite Steigerungsstufe
= Superlativ *(stopień najwyższy)*

1. Komparation mithilfe von Suffixen

Vergleiche die folgenden Reihen und versuche, die Regeln für die Bildung des Komparativs und Superlativs anhand der Beispiele *nowy* (neu) und *piękny* (schön) abzuleiten:

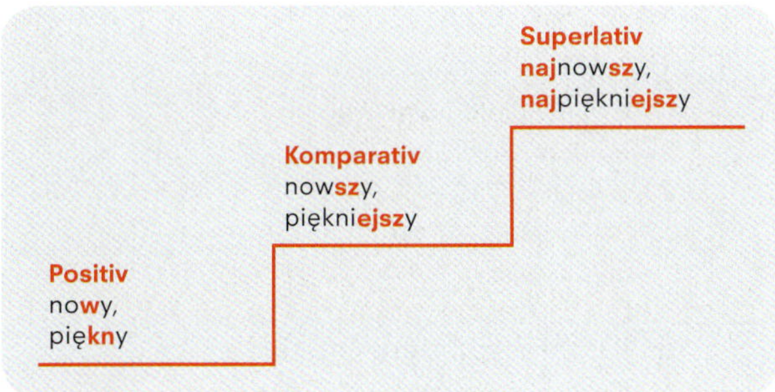

Die Regel zur Bildung des Komparativs lautet:

Komparativ = Grundstufe + Suffix *-szy* [*-ejszy*]

Der Komparativ wird gebildet
- durch Anfügen des Suffixes **-sz-** an den Wortstamm des Adjektivs, wenn dieser auf einen einzelnen Konsonanten ausgeht, z. B.: *grub-y*, *grub*-**sz**-*y*;
- durch Anfügen des Suffixes **-ejsz-** an den Wortstamm, wenn dieser auf mehrere Konsonanten ausgeht, z. B.: *ładn-y*, *ładni*-**ejsz**-*y*.

Das **e** des Suffixes **-ejsz-** erweicht den vorhergehenden Konsonanten und verursacht einen Konsonantenwechsel (siehe § 4.1), z. B.
ł > *l* *miły* lieb > *milszy*,
g > *ż* *drogi* teuer > *droższy*.
Auch Vokalwechsel kommt vor (siehe § 4.2), z. B.
blady blass > *bledszy*,
wesoły fröhlich > *weselszy*,
wąski eng, schmal > *węższy*.
Die Personalform des Nom. Plural ist **-si**: *starsi*, *piękniejsi*.

- Adjektive auf **-ki**, **-eki**, **-oki** verlieren diese Suffixe. Dabei kommt es wieder zum Konsonantenwechsel, z. B.
  bliski nah > *bliższy*,
  cienki dünn > *cieńszy*,
  wysoki hoch > *wyższy*,
  daleki weit > *dalszy*,
  głęboki tief > *głębszy*.

Die Regel zur Bildung des Superlativs lautet:

Superlativ =
Komparativ auf *-szy* oder *-ejszy* + Präfix *naj-*

Vgl. **naj**-*grub*-**szy**, **naj**-*ładni*-**ejszy**.

Präge dir gut die folgenden unregelmäßigen Steigerungsformen ein:

dobry gut	*lepszy*	*najlepszy*
zły schlecht	*gorszy*	*najgorszy*
mały klein	*mniejszy*	*najmniejszy*
duży, wielki groß	*większy*	*największy*
lekki leicht	*lżejszy*	*najlżejszy*

2. Umschreibende (analytische) Komparation

Mehrsilbige Adjektive und solche, die von Partizipien abgeleitet sind, werden umschreibend mit *bardziej* (mehr) oder *najbardziej* (am meisten) bzw. bei einer „negativen Steigerung" mit *mniej* (weniger) und *najmniej* (am wenigsten) gesteigert.

Positiv	Komparativ	Superlativ
interesujący interessant	**bardziej, mniej interesujący**	**najbardziej, najmniej interesujący**
uprzejmy höflich	**bardziej, mniej uprzejmy**	**najbardziej, najmniej uprzejmy**
znany bekannt	**bardziej, mniej znany**	**najbardziej, najmniej znany**

bardziej mehr = Komparativ von **bardzo**
mniej weniger = Komparativ von **mało**

3. Gebrauch des Komparativs

Der Komparativ wird in Vergleichkonstruktionen mit **niż** (als) + Nominativ oder **od** (von) + Genitiv verwendet. Beide Konstruktionen sind gleichwertig und werden im Deutschen mit *als*-Konstruktionen wiedergegeben:

Komparativ + niż	Komparativ + od + Gen
Twoje mieszkanie jest mniejsze **niż nasze.**	Twoje mieszkanie jest mniejsze **od naszego.**
Deine Wohnung ist kleiner als unsere.	
Anna jest ładniejsza **niż Julia.**	Anna jest ładniejsza **od Julii.**
Anna ist hübscher als Julia.	
Film jest bardziej interesujący **niż książka.**	Film jest bardziej interesujący **od książki.**
Der Film ist interessanter als das Buch.	

Die Verwendung von **jak** (wie) ist in diesen Konstruktionen, ähnlich wie im Deutschen die Verwendung von **wie** im Vergleich mit dem Komparativ, nicht korrekt!

Eine Intensivierung oder Abschwächung der Bedeutung kann auch mit anderen sprachlichen Mitteln ausgedrückt werden. Hier eine Auswahl:

- *coraz* + Komparativ:
  coraz lepszy immer besser
  coraz większy immer größer, höher
  Klimat staje się coraz cieplejszy.
  Das Klima wird immer wärmer.

- *wiele* + Komparativ:
  o wiele większy um vieles größer
  Nasze mieszkanie jest o wiele większe niż twoje.
  Unsere Wohnung ist um vieles größer als deine.

- Durch Präfixe wie **prze**-:
  prze*piękny* wunderschön
  pra-: **pra***stary* uralt
  nad-: **nad***zwyczajny* außergewöhnlich

- Das abschwächende Suffix -**awy**:
  *głup***awy** dümmlich
  *czerwon***awy** rötlich
  *słodk***awy** süßlich
  *kwaśn***awy** säuerlich

- Durch Diminutivformen (siehe § 25) wie:
  nowiuteńki ganz neu, brandneu
  malutki ganz klein, klitzeklein

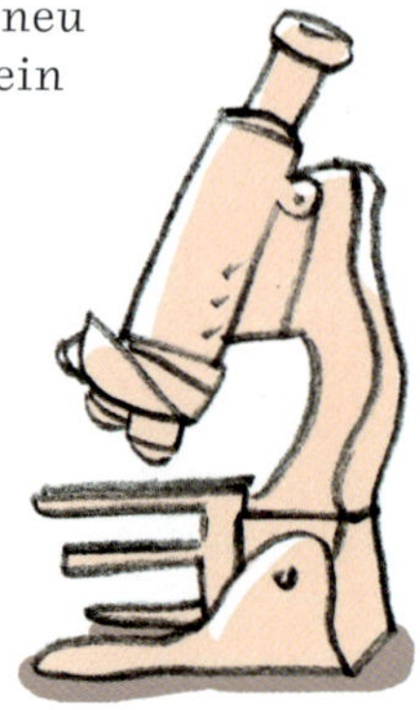

§23 Wortstellung des Adjektivs

Das adjektivische Attribut kann im Polnischen vor und nach dem Substantiv stehen:

Vor dem Substantiv
bezeichnet es eine allgemeine oder zufällige Eigenschaft des Substantivs;
das Adjektiv bildet mit dem Substantiv keinen festen Begriff.

nowe mieszkanie eine neue Wohnung
ciekawa książka ein interessantes Buch
piękne kwiaty schöne Blumen

Nach dem Substantiv
benennt es eine wesentliche, klassifizierende Eigenschaft (Gattungseigenschaft) oder Adjektiv und Substantiv bilden zusammen einen feststehenden Begriff. In dieser Position kann das Adjektiv nicht gesteigert werden. Der polnischen Substantiv-Adjektiv-Gruppe entspricht im Deutschen oft ein Kompositum.

lekarz domowy Hausarzt
szkoła ogólnokształcąca allgemeinbildende Schule
Ameryka Południowa Südamerika
studia germanistyczne Germanistikstudium

! In geografischen Eigennamen steht das Adjektiv oft vor dem Substantiv, z. B. *Dolny Śląsk* Niederschlesien.

Mitunter ist die Stellung des Adjektivs in beiden Positionen möglich. Es ergeben sich dann jedoch unterschiedliche Bedeutungsnuancen:
piękna literatura gute, schöne Literatur
literatura piękna Belletristik, schöne Literatur (als Terminus)

§24 Funktionen des Adjektivs im Satz

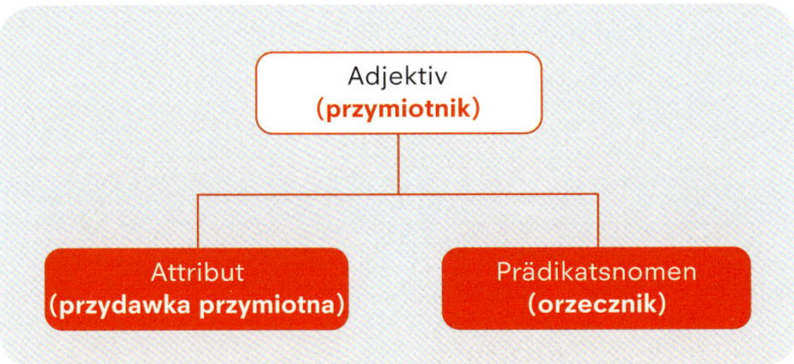

gotowy obiad fertiges Mittagessen	*Obiad był gotowy.* Das Mittagessen war fertig.
piękna pogoda schönes Wetter	*Pogoda była piękna.* Das Wetter war schön.
małe dziecko kleines Kind	*Dziecko było małe.* Das Kind war klein.
wysokie góry hohe Berge	*Góry były wysokie.* Die Berge waren hoch.

Die Beispiele zeigen Folgendes:
- Hat das Adjektiv die Funktion des *Attributs*, so stimmt es in Genus, Kasus, Numerus mit dem Substantiv, zu dem es gehört, überein.
- Hat das Adjektiv im Satz die Funktion des *Prädikatsnomens*, so steht es – anders als ein substantivisches Prädikatsnomen – im Nominativ und seine Endungen richten sich nach dem Subjekt.

Adjektive

§25 Bildung von Adjektiven

1. Bildung von Adjektiven mithilfe von Suffixen

Die meisten Adjektive werden von Substantiven mithilfe von Suffixen gebildet. Hier einige wichtige Bildungstypen:

Substantivstamm + -owy:
pomidor > *pomidor***owy**
owoc > *owoc***owy**
samochód > *samochod***owy**
kolor > *kolor***owy**

Substantivstamm + -ski (-cki, -dzki):
student > *studen***cki**
Warszawa > *warszaw***ski**
Francuz > *francu***ski**
Łódź > *łó***dzki**

Substantivstamm + -ny:
szkoła > *szkol***ny**
noc > *noc***ny**
warzywa > *warzyw***ny**

Adjektive auf -**owy** sind oft Beziehungsadjektive. Sie werden im Deutschen meist durch Kompositaglieder wiedergegeben:

zupa **pomidorowa**	**Tomaten**suppe
drzewo **owocowe**	**Obst**baum
atlas **samochodowy**	**Auto**atlas
zdjęcie **kolorowe**	**Farb**foto

Achte auf die unterschiedliche Wortstellung der beiden Komponenten im Polnischen und Deutschen!

Adjektive auf -**ski** (-**cki,** -**dzki**) sind ebenfalls oft Beziehungsadjektive, z. B. *dom studencki* Studentenwohnheim. Diese Adjektive werden häufig von Eigennamen abgeleitet und im Deutschen mit Adjektiven auf -**er** oder -**isch** wiedergegeben, z. B. *warszawskie metro* die Warschauer Metro, *rząd francuski* die französische Regierung.

Weitere häufige Suffixe sind -**awy** und -**alny**. Das Suffix -**awy** verleiht der Bedeutung des Adjektivs eine abschwächende Nuance, die im Deutschen oft mit -**lich** wiedergegeben wird: *żółtawy* gelblich, *tłustawy* dicklich, *starawy* ältlich.

Adjektive mit dem Suffix -**alny** (-**elny**) werden dagegen häufig von einem Verb abgeleitet und haben die passive Bedeutungsnuance „kann … werden". Diesem Suffix entspricht im Deutschen -**bar**: *jadalny* essbar, *odnawialny* erneuerbar, *czytelny* lesbar.

Nur die häufigsten Adjektive dieses Typs sind im Wörterbuch verzeichnet. Merke dir daher die Bedeutungsnuance dieser Suffixe, das hilft dir, die Bedeutung neuer Adjektive zu erschließen.

---

2. Bildung von adjektivischen Diminutiven

Diminutive können im Polnischen nicht nur von Substantiven (siehe § 19.4), sondern im Unterschied zum Deutschen auch von Adjektiven (und Adverbien) gebildet werden. Neben der Kleinheit drücken sie meist eine stärkere Intensität der Bedeutung oder eine emotionale Einstellung des Sprechers aus. Das Polnische verfügt über eine große Vielfalt von adjektivischen Diminutiv-Suffixen.

Zu den häufigsten gehören -**utki**, -**uteńki**, -**uśki**, -**uczki**, -**uchny**, -**iupki**. So hat beispielsweise das Adjektiv *mały* klein die nachfolgend gezeigten Ableitungsmöglichkeiten, die alle die Bedeutung „sehr klein" mit einer stark expressiven Nuance haben und in denen mitunter die Bedeutung der Kleinheit völlig zurücktritt:

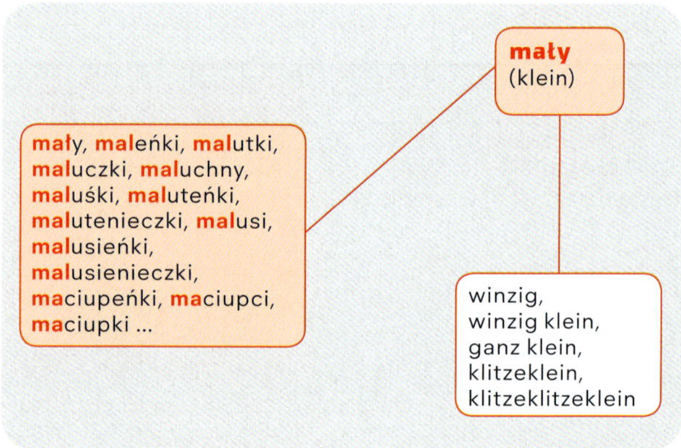

Der Vergleich der beiden Felder zeigt, wie begrenzt die diminutiven Wortbildungsmöglichkeiten im Deutschen sind.

Eine der deutschen Alternativen ist die Bildung zusammengesetzter Adjektive: *malusieńki* klitzeklein, *nowiuteńki* (funkel)nagelneu, *bielusieńki* schneeweiß, blütenweiß, strahlend weiß.

Oft muss man im Deutschen allerdings mit mehreren Wörtern umschreiben, wenn man eine diminutive oder expressive Bedeutung ausdrücken will: *winzig klein, ganz klein, unwahrscheinlich klein, wahnsinnig klein* usw.

Und nicht selten ist es am besten, die Verkleinerungsformen gar nicht ins Deutsche zu übersetzen, weil deren Gebrauch im Deutschen nicht so häufig ist und dadurch auffällig wirkt.

Sehr oft sind adjektivische Diminutive im Wörterbuch nicht zu finden, weil sie im Polnischen frei gebildet werden können. Wenn dir im Text eine unbekannte adjektivische Form mit einem der oben genannten Suffixe begegnet, dann handelt es sich um ein Adjektiv, dessen Grundbedeutung zusätzlich eine expressive bzw. verkleinernde Nuance hat. Mitunter ist das Adjektiv dabei stark verkürzt, sodass man es schwer erkennen kann, vgl. **wąziutki**, **wąziuchny** (ganz eng) von **wąski** (eng).

---

3. Bildung von Adjektiven mithilfe von Präfixen

Im Polnischen wie im Deutschen gibt es Präfixe zur Bildung neuer Adjektive, darunter auch viele internationale. Hier eine Auswahl:

nie-	**mały** klein	**niemały** nicht klein, ziemlich groß
pod-	**warszawski** Warschauer	**podwarszawski** bei Warschau gelegen
nad-	**mierny** mäßig	**nadmierny** übermäßig
przed-	**szkolny** Schul-	**przedszkolny** Vorschul-, Kindergarten-
anty-	**wojenny** Kriegs-	**antywojenny** Antikriegs-
super-	**modny** modern	**supermodny** supermodern
nano-	**techniczny** technisch	**nanotechniczny** nanotechnisch

Wichtig sind einige Adjektive mit Präfixen wie **nad**- (über)- und **pod**- (unter) u. a. in geografischer Bedeutung. Da es diesen Typ im Deutschen nicht gibt, lassen sich diese Adjektive nicht wörtlich übersetzen:
nadmorski am Meer gelegen, charakteristisch für die Küsten; Küsten-, z. B. *region nadmorski* Küstenregion
nadbałtycki an der Ostsee gelegen, Ostsee-, z. B. *kraje nadbałtyckie* Ostsee-Anrainerländer
nadreński am Rhein gelegen, Rhein-, rheinisch, z. B. *Hesja Nadreńska* Rheinhessen
podmiejski Vorort-, Nahverkehrs-, z. B. *pociąg podmiejski* Nahverkehrszug, *willa podmiejska* Vorortvilla
podkrakowski bei Krakau gelegen, charakteristisch für diese Gegend, z. B. *wieś podkrakowska* ein bei Krakau gelegenes Dorf

---

4. Adjektivkomposita

Auch bei Adjektiven gibt es Zusammensetzungen:
jasny niebieski > *jasnoniebieski* hellblau
biały i czerwony > *biało-czerwony* weiß-rot.

Mit Bindestrich werden Adjektivkomposita geschrieben, bei denen beide Wortstämme gleichrangig sind:
biało-czerwony (= biały i czerwony), aber:
jasnoniebieski (= niebieski o jasnym odcieniu).

Dazu gehören auch Zusammensetzungen mit Zahlwörtern:
dwa pokoje > *dwupokojowy* Zweizimmer-
trzy dni > *trzydniowy* dreitägig
kilka godzin > *kilkugodzinny* mehrstündig
dziewiętnaście lat > *dziewiętnastoletni* neunzehnjährig

D Adverbien

§26

§26 Bildung von Adverbien

Das kennst du aus der deutschen Grammatik: Adverbien sind unveränderlich. Es gibt ursprüngliche Adverbien wie *hier, gestern, jetzt, sehr, besonders* und es gibt Adjektivadverbien, also Adverbien, die von Adjektiven abgeleitet sind, wie: *schön, fröhlich, teuer, polnisch.* Adjektivadverbien unterscheiden sich im Deutschen zwar formal nicht vom Adjektiv, werden aber nicht dekliniert und können nur gesteigert werden.

Die ursprünglichen Adverbien *(przysłówki)* im Polnischen – wie *tu* hier, *wczoraj* gestern, *teraz* jetzt, *bardzo* sehr, *szczególnie* besonders – sind unveränderlich und werden nicht gesteigert.

Von Adjektiven abgeleitete Adverbien – wie *pięknie* schön, *wesoło* fröhlich, *drogo* teuer – sind steigerungsfähig.

Vergleiche die Adverb- und Adjektivpaare im Polnischen und Deutschen und finde die Unterschiede in der Bildung heraus!

To miasto jest **piękne**. Dziewczyny **pięknie** wyglądały.	Diese Stadt ist **schön**. Die Mädchen sahen **schön** aus.
To dziecko z natury jest **wesołe**. Młodzież bawi się **wesoło**.	Dieses Kind ist von Natur aus **fröhlich**. Die Jugend feiert **fröhlich**.
To wino jest bardzo **drogie**. Wszystko tu **drogo** kosztuje.	Dieser Wein ist sehr **teuer**. Hier ist (wörtl. kostet) alles sehr **teuer**.
Pochodzenie dziecka jest **polskie**. Mówimy cały dzień **po polsku**.	Die Herkunft des Kindes ist **polnisch**. Wir sprechen den ganzen Tag **Polnisch**.

Wir stellen fest: Im Polnischen unterscheiden sich die von Adjektiven abgeleiteten Adverbien formal von den Adjektiven durch eigene Bildungssuffixe. Diese Suffixe sind **-e**, **-o** und die Konstruktion **po** + **-u**.

Von der Form her sind Adverbien auf **-e** leicht mit weichstämmigen Adjektiven im Neutrum auf **-e** zu verwechseln, z. B. *piękne* (Adj.) – *pięknie* (Adv.), *ładne* (Adj.) – *ładnie* (Adv.)! Vgl. auch *drogie* (Adj. neutr.), aber als Adverb *drogo* (und nicht *drogie*!).

Die meisten Adjektivadverbien werden mit **-o** oder **-e** gebildet. Die Endung hängt von den lautlichen Verhältnissen im Stammauslaut ab. Zum Beispiel bedingt ein weicher oder historisch weicher Auslaut des Adjektivs die Endung **-o** wie:
tanio billig
gorąco heiß
świeżo frisch

Auch nach **g**, **k**, **ch**, **p**, **b**, **s**, **d** steht die Endung **-o**, z. B.:
długo lang
głupio dumm
słabo schwach
miękko weich
młodo jung
daleko weit

Bildung von Adverbien

Andere hartstämmige Adjektive bilden das Adverb meist auf **-e**, z. B.:
dobry gut > *dobrze*
zły schlecht > *źle*
ładny hübsch > *ładnie*
otwarty offen > *otwarcie*

! Die Endung **-e** bewirkt wieder Veränderungen am Stammauslaut, die du bereits aus der adjektivischen Deklination und Komparation (siehe § 21 und § 22) kennst!

Adjektive auf **-ski**, **-cki** bilden das Adverb mit der Präposition **po** + **-u**. Vor allem die Bezeichnungen für Sprachen werden so abgeleitet:
Mówić po polsku, po angielsku
Polnisch, Englisch sprechen,
czytać po niemiecku Deutsch lesen
umieć po turecku Türkisch können

§27 Komparation der Adverbien

Adverbien werden ähnlich wie die Adjektive gesteigert, von denen sie abgeleitet sind:

Komparativ = Grundstufe + Suffix **-ej**
Superlativ = Präfix **naj-** + Komparativ

Positiv	**Komparativ**	**Superlativ**
głupio dumm	głup**iej**	**naj**głup**iej**
rzadko selten	rzad**ziej**	**naj**rzad**ziej**
drogo teuer	dro**żej**	**naj**dro**żej**

Adverbien auf **-eko**, **-oko**, **-ko** haben im Komparativ einen verkürzten Stamm:
daleko weit > *dalej*
wysoko hoch > *wyżej*
blisko nahe > *bliżej*

Wie bei Adjektiven werden mehrsilbige und von Partizipien abgeleitete Adverbien umschreibend mithilfe von *bardziej* bzw. *najbardziej* gesteigert:
bardziej interesująco interessanter
bardziej uprzejmie höflicher
najbardziej interesująco am interessantesten
najbardziej uprzejmie am höflichsten

! Präge dir die folgenden unregelmäßigen Steigerungsformen ein:

dobrze gut	*lepiej*	*najlepiej*
źle schlecht	*gorzej*	*najgorzej*
mało klein	*mniej*	*najmniej*
dużo, wiele viel	*więcej*	*najwięcej*
lekko leicht	*lżej*	*najlżej*

Das Adverb *trochę* (ein wenig, ein bisschen) kann durch Diminutivsuffixe „gesteigert" werden, z. B. *trochę* > *troszeczkę* ein ganz klein wenig:
Proszę o troszeczkę wody.
Bitte ein klein wenig Wasser.

Wie bei Adjektiven wird der Komparativ im Vergleich mit folgenden Konstruktionen gebildet:
niż + Nominativ, z. B.
Została mniej niż połowa.
Es blieb weniger als die Hälfte übrig.
und **od** + Genitiv, z. B.
Grali gorzej od nas.
Sie haben schlechter gespielt als wir.

Neben den Adjektivadverbien gibt es eine ganze Reihe von Orts- und Zeitadverbien, die ehemalige Kasusformen von Substantiven sind, z. B.
czasem, czasami manchmal, *wieczorem* abends, *miejscami* stellenweise, *wiosną* im Frühling, *nocą* nachts, *dokoła* ringsum, *od razu* sofort, *zaraz* gleich, *naprawdę* wirklich.

Verben

§28 Terminologisches zum Verb

Das kennst du aus der deutschen Grammatik: Verben werden nach Person, Numerus, Tempus und Modus (Indikativ, Konjunktiv, Imperativ) abgewandelt. Partizipien werden dekliniert.

Finite und infinite Verbformen
Die (konjugierten) Personalformen nennen wir *finite Verbformen (formy osobowe)*. Sie können allein ein Prädikat bilden.
Czytam *gazetę*. Ich lese Zeitung.
Czytaliśmy *gazetę*. Wir haben Zeitung gelesen.

Infinite Formen (formy nieosobowe) des Verbs sind folgende nicht konjugierte Verbformen:
- der *Infinitiv (bezokolicznik)*, vgl. *czytać* lesen,
- die *beiden adjektivischen Partizipien (imiesłowy przymiotnikowe)* vgl. *czytający* der lesende und *przeczytany* gelesen, die dekliniert werden,
- die beiden indeklinablen *Adverbialpartizipien (imiesłowy przysłówkowe)*, vgl. *czytając* lesend und *przeczytawszy* gelesen habend.

Verbstämme
Infinitiv- bzw. Präteritalstamm
= Infinitiv – Endung -**ć** (selten -**c**):
czyta-**ć** lesen, *rozumie*-**ć** verstehen, *milcze*-**ć** schweigen, *pracowa*-**ć** arbeiten, *mówi*-**ć** sprechen, **móc** können.
Vom *Infinitivstamm* werden gebildet:
- der Infinitiv
- das Präteritum Indikativ
- das Adverbialpartizip der Vorzeitigkeit
- das Verbalsubstantiv

Präsens- bzw. Futurstamm
= 1. Person Singular – Personalendung -**ę** bzw. -**m**:
czyta-**m**, *rozumie*-**m**, *milcz*-**ę**, *pracuj*-**ę**, *mówi*-**ę**.
Manche Formen werden auch vom Stamm der 3. Person Singular oder Plural abgeleitet. Vom Präsens- bzw. Futurstamm werden gebildet:
- das Präsens imperfektiver Verben bzw. das Futur perfektiver Verben
- der Imperativ
- das Adverbialpartizip der Gleichzeitigkeit
- das Partizip Präteritum Passiv

Stammvokal
Zwischen dem Wortstamm und der Infinitiv- bzw. Konjugationsendung steht der so genannte *Stamm-* oder *Themavokal (samogłoska tematowa)*, der die einzelnen Konjugationsklassen unterscheidet, vgl.:

czyt-**a**-ć lesen	rozumi-**e**-ć verstehen	mów-**i**-ć sprechen	pis-**a**-ć schreiben
czyt-**a**-m	rozumi-**e**-m	mów-**i**-ę	pisz-**ę**
czyt-**a**-sz	rozumi-**e**-sz	mów-**i**-sz	pisz-**e**-sz
czyt-**a**-my	rozumi-**e**-my	mów-**i**-my	pisz-**e**-my

Transitive Verben
Transitive Verben verlangen im Polnischen ein Akkusativ-, Genitiv- oder Instrumentalobjekt, im Deutschen hingegen nur ein Akkusativobjekt:
Ojciec czyta **gazetę**.
Der Vater liest Zeitung.
Siostra słucha **muzyki**.
Die Schwester hört Musik.
Nauczyciel dyryguje **chórem**.
Der Lehrer dirigiert den Chor.
Transitive Verben können Passivformen bilden.

Intransitive Verben
regieren den Dativ oder Lokativ oder haben kein Objekt nach sich:
Marek gratuluje **ojcu**.
Marek gratuliert dem Vater.
Von intransitiven Verben kann kein Passiv gebildet werden.

Bedeutungsgruppen von Verben
Nach ihrer Fähigkeit, das Prädikat zu bilden, und ihrer Bedeutung unterscheidet man mehrere Gruppen von Verben:

a) Vollverben: Sie sind inhaltlich selbstständig und können allein das Prädikat bilden, z. B.
Ojciec *czyta* **gazetę**.
Der Vater liest die Zeitung.

b) Hilfsverben: Sie haben keine eigene Bedeutung, sondern dienen zur Bildung zusammengesetzter Verbformen, z. B. *będę czytać* (ich werde lesen) oder als *Kopula* eines nominalen Prädikats, z. B.
Jan jest studentem. Jan ist Student.
Uczeń jest pilny. Der Schüler ist fleißig.

Hilfsverben sind: *być* sein, *zostać* werden, *stać się* werden, *zrobić się* werden.

c) Modalverben: Sie bilden meist zusammen mit einem Infinitiv das Prädikat und bringen eine Möglichkeit, Notwendigkeit oder einen Wunsch zum Ausdruck, z. B.:
Chcę pracować. Ich möchte arbeiten.
Musimy pracować. Wir müssen arbeiten.

Wichtige Modalverben sind: *musieć* (müssen), *chcieć* (mögen, wollen), *móc, potrafić* (können), *mieć* (sollen) sowie das unpersönliche Verb *należy* (man soll, es gehört sich)

d) Phasenverben: Sie bezeichnen die Anfangs- oder Endphase der durch das Vollverb ausgedrückten Tätigkeit, z. B.:
zaczynać anfangen
kończyć beenden
przestać aufhören
Zaczynam malować. Ich beginne zu malen.
Przestał palić. Er hat aufgehört zu rauchen.

Der Bau des Infinitivs

Die Infinitivendung -**ć** wird an den Stamm des Verbs angefügt. Der Stamm endet gewöhnlich auf einen Vokal, z. B. *czyt***a**-*ć* lesen, *p***i**-*ć* trinken, *sprzątn***ą**-*ć* aufräumen. Einige Verben enden im Stamm auf den Konsonanten **ź**- bzw. **ś**-, z. B. *nie***ś**-*ć* tragen, *i***ś**-*ć* gehen, *wie***ź**-*ć* transportieren. Selten endet der Infinitiv nicht auf -**ć**, sondern auf -**c**, z. B. *piec* backen, *biec* laufen.

---

§29 Konjugation der Verben im Präsens

Das polnische Verb wird wie im Deutschen nach Person, Numerus, Genus, Tempus und Modus verändert.

Der wichtigste Unterschied zum Deutschen ist das Vorhandensein der Kategorie Aspekt: Fast alle polnischen Verben haben eine imperfektive (ipf) und eine perfektive (pf) Aspektvariante, kommen also paarig vor:
pisać – napisać schreiben.

Das Polnische kennt heute im Vergleich zum Deutschen nur drei Tempora: Präsens, Präteritum und Futur. Die polnischen Tempora stehen in engem Zusammenhang mit dem Verbalaspekt.

Die Bildung der Konjugationsformen erfolgt von zwei verschiedenen Stämmen: dem Infinitivstamm und dem Präsens- bzw. Futurstamm (siehe §28).

Wie im Deutschen gibt es im Polnischen einfache Flexionsformen, z. B. *czytamy* wir lesen, und zusammengesetzte Flexionsformen, z. B. *będziemy czytać* wir werden lesen.

1. Konjugationsklassen

Die Personalendungen der Verben sind bis auf die 1. Person Singular und die 3. Person Plural gleichförmig und werden an den Präsensstamm angefügt. Sie lauten im Präsens:

	Sg	Pl
1. Person	-m oder -ę	-my
2. Person	-sz	-cie
3. Person	-ø*	-ą oder -ją

*Das Zeichen ø signalisiert, dass die Form der 3. Person streng genommen endungslos, also identisch mit dem Präsensstamm ist. In den weiteren Konjugationstabellen wird der Einfachheit halber auf dieses Zeichen verzichtet.

! Größere Veränderungen finden in der polnischen Konjugation nicht am Wortende durch die Personalendung, sondern vor der Endung im Wortstamm durch den Lautwechsel statt.

E

Verben

§29

Traditionell werden die polnischen Verben in vier bzw., fasst man Typ 1 und 2 zusammen, drei Konjugationstypen eingeteilt. Diese Einteilung erfolgt nach dem Verhältnis zwischen dem Präsensstamm der 1. Person Singular und dem Infinitivstamm:

Präsensstamm		Infinitivstamm
czyta-m, czyta-sz	>	czyta-ć lesen
rozumie-m, rozumie-sz	>	rozumie-ć verstehen
pracuj-ę, pracuje-sz	>	pracowa-ć arbeiten
mówi-ę, mówi-sz	>	mówi-ć reden
milcz-ę, milczy-sz	>	milcze-ć schweigen

Der jeweilige Stammvokal gibt den Konjugationstypen ihren Namen:

Typ 1: a-Konjugation -am, -asz (-em, -esz)		Typ 2: e-Konjugation -ę, -esz	Typ 3: i-Konjugation -ę, -isz / -ysz	
mieszk-a-ć wohnen	**rozumi-e-ć** verstehen	**pi-ć** trinken	**myśl-e-ć** denken	**słysz-e-ć** hören
(ja) mieszk-**a**-m	rozumi-**e**-m	pij-ę	myśl-ę	słysz-ę
(ty) mieszk-**a**-sz	rozumi-**e**-sz	pij-**e**-sz	myśl-**i**-sz	słysz-**y**-sz
(on) mieszk-**a**	rozumi-**e**	pij-**e**	myśl-**i**	słysz-**y**
(my) mieszk-**a**-my	rozumi-**e**-my	pij-**e**-my	myśl-**i**-my	słysz-**y**-my
(wy) mieszk-**a**-cie	rozumi-**e**-cie	pij-**e**-cie	myśl-**i**-cie	słysz-**y**-cie
(one, oni) mieszk-**a**-ją	rozumi -**e**-ją	pij-ą	myśl-ą	słysz-ą

Ein wesentlicher Unterschied zwischen den drei Konjugationstypen besteht in den Endungen der 1. Person Singular (-**m** bzw. -**ę**) und der 3. Person Plural (-**ą** oder erweitert -**ją**) sowie im Stammvokal.

Im Typ 3 lautet der Stammvokal -**i** nach historisch weichen Konsonanten -**y**, da nach diesen Konsonanten nie ein -**i** stehen darf.

---

2. Lautwechsel in der Konjugation

Aus der Deklination der Substantive und Adjektive weißt du bereits, dass man im Polnischen besonders auf die Veränderungen im Auslaut des Wortstamms vor einem folgenden **e** oder **i** achten muss, z. B. *bar* die Bar, aber *barze*. Das gilt auch für Verben des Konjugationstyps 2 und 3, die den Stammvokal **e** bzw. **i** haben. Somit ist Typ 1, die a-Konjugation, am einfachsten, da es hier wegen des Vokals **a** im Präsensstamm zu keinem Konsonantenwechsel kommt.

Dagegen gibt es in Typ 2 auf -**ę** / -**esz** und Typ 3 auf -**ę** / -**isz** häufig einen Lautwechsel. Nicht alle Lautveränderungen, die wir aus der Deklination kennen, sind auch in der Konjugation vorhanden. In der nachfolgenden Tabelle findest du noch einmal die wichtigsten Lautveränderungen, die in der Konjugation vorkommen (siehe §4):

Konsonantenwechsel in der Konjugation	
t > ć / ci	plotę ich flechte > pleciesz
d > dź / dzi	jadę ich fahre > jedziesz
dz > dź / dzi	chodzę ich gehe > chodzisz
c > ć / ci	płacę ich zahle > płacisz
s > ś / si	niosę ich trage > niesiesz
sz > ś / si	proszę ich bitte > prosisz
z > ź / zi	wiozę ich transportiere > wieziesz
ż > ź / zi	grożę ich drohe > grozisz
k > cz	piekę ich backe > pieczesz
g > ż	mogę ich kann > możesz
r > rz	biorę ich nehme > bierzesz
n > ń / ni	ginę ich verschwinde > giniesz
żdż > źdź / ździ	jeżdżę ich fahre > jeździsz

Stehen ć, dź, ś, ź, ń vor einem Vokal, werden sie ci, dzi, si, zi, ni geschrieben. Das **i** dient zur Kennzeichnung der Weichheit des Konsonanten, es hat nicht den Lautwert des Vokals [i].

In den Konjugationstypen 2 und 3 gibt es Verben, bei denen in *allen* Präsensformen ein Konsonantenwechsel eintritt, sowie Verben, bei denen ein Lautwechsel nur in den Mittelformen (2. und 3. Person Singular sowie 1. und 2. Person Plural) vorkommt.

Vokalwechsel in der Konjugation	
o > e bzw. e > o	ni**o**sę ich trage > **nie**siesz wi**o**zę ich befördere > **wie**ziesz bi**o**rę ich nehme > **bie**rzesz pi**o**rę ich wasche > **pie**rzesz
a > e bzw. e > a	**ja**dę ich fahre > **je**dziesz
ó > o bzw. o > ó	**mó**gł er konnte > **mo**głem
ą > ę bzw. ę > ą	**zaczą**ł er begann > **zaczę**ła **krzyknął** er schrie > **krzyknę**ła

Der Vokalwechsel von -**e** zu -**o** / -**a** bzw. umgekehrt tritt in den „Eckformen" des Paradigmas ein; die „Mittelformen", zeigen diesen Wechsel hingegen nicht: *jadę, jedziesz, jedzie, jedziemy, jedziecie, jadą*.
Lerne daher bei einem neuen Verb immer auch die 1. und 2. Person Singular sowie die 3. Person Plural (als Repräsentanten der „Eck- und Mittelformen"), da du so alle Lautveränderungen ablesen kannst, die innerhalb eines Konjugationsparadigmas vorkommen können!

3. Typ 1: die a-Konjugation (-am / -asz bzw. -em / -esz)

Merkmale:
- Infinitivstamm = Präsensstamm: Stammvokal -**a**- bzw. selten -**e**- in allen Formen
- kein Lautwechsel im Präsens
- Endung der 1. Person Singular auf -**m**

Sehr viele polnische Verben, die vor der Infinitivendung ein -**a**- haben, werden nach der **a**-Konjugation konjugiert, z. B. *czytać* lesen, *mieszkać* wohnen, *znać* kennen, *pomagać* helfen, *nazywać się* heißen, sodass der Infinitivstamm und der Präsensstamm auf -**a**- auslauten.

Zu diesem Konjugationstyp kann man auch einige wenige, aber häufig gebrauchte Verben wie *rozumieć* (verstehen), *umieć* (können) rechnen. Sie haben zwar ein -**e**- vor der Infinitivendung -**ć** und im Präsens, bilden sonst aber Konjugationsendungen analog zu *czytać*, also die 1. Person Singular auf -**m** und die 3. Person Plural auf -**ją**.

czytać lesen	**rozumieć** verstehen
(ja) czyt**am**	rozumi**em**
(ty) czyt**asz**	rozumi**esz**
(on, ona, ono) czyt**a**	rozumi**e**
(my) czyt**amy**	rozumi**emy**
(wy) czyt**acie**	rozumi**ecie**
(one, oni) czyt**ają**	rozumi**eją**

Das Verb *mieć* (haben, sollen) endet zwar im Infinitivstamm auf -**e**-, hat aber im Präsensstamm ein -**a**-: *mam, masz, mają*.

Dies ist der einzige Konjugationstyp, der in der 1. Person Singular auf -**m** endet, in allen anderen Konjugationsklassen geht die 1. Person Singular auf -**ę** aus.

Verben

4. Typ 2: die e-Konjugation (-ę / -esz)

Merkmale:
- Infinitivstamm: verschiedene Vokale
- Präsensstamm: Stammvokal **-e-** in den „Mittelformen“ (2. und 3. Person Singular sowie 1. und 2. Person Plural)
- Konsonantenwechsel vor dem Stammvokal **-e**
- Vokalwechsel von **e** zu **o** bzw. **a** in den „Eckformen“ (1. Person Singular und 3. Person Plural)

Diese Verben werden unterschiedlich konjugiert, hier einige wichtige Gruppen:

a) *Verben mit dem Infinitivstamm auf* **-a-** wie *jechać* fahren, *pisać* schreiben, *pokazać* zeigen, *skakać* springen:

jechać	pisać	pokazać
(ja) jadę	(ja) piszę	(ja) pokażę
(ty) jedziesz	(ty) piszesz	(ty) pokażesz
(on, ona, ono) jedzie	(on, ona, ono) pisze	(on, ona, ono) pokaże
(my) jedziemy	(my) piszemy	(my) pokażemy
(wy) jedziecie	(wy) piszecie	(wy) pokażecie
(oni, one) jadą	(oni, one) piszą	(oni, one) pokażą

Dazu gehören auch die häufig gebrauchten Verben *dawać* geben und *stawać* antreten, sich stellen, die anstelle des **-wa-** einen **j**-Einschub haben, z. B.: *daję*, *dajesz*, *dają*; *staję*, *stajesz*, *stają*.

b) *Verben auf* **-owa-ć**, z. B. *znajdować* finden, *nocować* übernachten, *pracować* arbeiten. Diese Verben sind oft von Fremdwörtern abgeleitet, z. B. *organizować* organisieren, *surfować* surfen, *lądować* landen, *farbować* färben.
Sie zeigen keinen Lautwechsel, aber aus dem Suffix **-owa-** im Infinitiv wird in den konjugierten Verbformen **-uj-**:

znajdować finden	kupować kaufen
(ja) znajduję	kupuję
(ty) znajdujesz	kupujesz
(on, ona) znajduje	kupuje
(my) znajdujemy	kupujemy
(wy) znajdujecie	kupujecie
(oni, one) znajdują	kupują

c) *Einsilbige Verben mit dem Stammvokal* **-i-**, **-y-**, **-u-** wie *pić* trinken, *bić* schlagen, *myć* waschen, *żyć* leben, *czuć* fühlen, die nicht zahlreich sind, aber häufig gebraucht werden. Sie haben in den Präsensformen einen **j**-Einschub:

pić	żyć	czuć
(ja) piję	żyję	czuję
(ty) pijesz	żyjesz	czujesz
(on, ona) pije	żyje	czuje
(my) pijemy	żyjemy	czujemy
(wy) pijecie	żyjecie	czujecie
(oni, one) piją	żyją	czują

d) *Verben mit Infinitivstamm* **-ną-**. Hier wechselt das **-ną-** im Präsens- bzw. Futurstamm mit **-n** / **-ń**. Darunter sind etliche perfektive Verben, die eine einmalige, momentane Handlung bezeichnen und daher auch Momentanverben genannt werden, z. B. *krzyknąć* aufschreien, *gwizdnąć* kurz pfeifen:

krzyknąć	gwizdnąć
(ja) krzyknę	gwizdnę
(ty) krzykniesz	gwizdniesz
(on,ona) krzyknie	gwizdnie
(my) krzykniemy	gwizdniemy
(wy) krzykniecie	gwizdniecie
(oni, one) krzykną	gwizdną

Zu dieser Gruppe gehören auch wenige imperfektive Verben wie
płynąć schwimmen,
ginąć umkommen, verschwinden,
tonąć untergehen, ertrinken:

pły-ną-ć	gi-ną-ć
(ja) płynę	ginę
(ty) płyniesz	giniesz
(on,ona) płynie	ginie
(my) płyniemy	giniemy
(wy) płyniecie	giniecie
(one, oni) płyną	giną

Einige perfektive oder imperfektive Verben auf -**ną**- im Infinitiv verlieren im Präteritum dieses Suffix, z. B.:
schudnąć (pf) abnehmen, abmagern
schudnę, schudniesz, schudną
Präteritum: *schudłem, schudłeś, schudł*;
milknąć (ipf) verstummen, *pęknąć* (pf) platzen

Einige einsilbige Verben, deren Infinitivstamm auf den Nasalvokal -**ą**- ausgeht, z. B. *kląć* fluchen, *zacząć* (pf) beginnen, der mit dem nasalen Konsonanten -**n**-wechselt:

kląć fluchen		**zacząć** beginnen
(ja)	kl**n**ę	zacz**n**ę
(ty)	kl**nie**sz	zacz**nie**sz
(on, ona)	kl**nie**	zacz**nie**
(my)	kl**nie**my	zacz**nie**my
(wy)	kl**nie**cie	zacz**nie**cie
(oni, one)	kl**n**ą	zacz**n**ą

Weitere häufig gebrauchte Verben der **e**-Konjugation: Verben, die im Infinitiv auf -**ść** bzw. -**źć** enden und im Präsensstamm ein -**s**-, -**t**- oder -**d**- haben. Dabei kommt es zugleich zum Vokalwechsel **e** > **o**, z. B.
nieść tragen > *niosę* > *niesiesz* > *niosą*;
iść gehen > *idę, idziesz, idą*;
wieźć fahren, transportieren > *wiozę, wieziesz, wiozą*.

Einige Verben mit dem Infinitiv auf -**c** haben im Präsensstamm ein -**k**- oder -**g**-, das mit -**cz**- bzw. -**ż**- wechselt:

piec backen > *piekę, pieczesz, pieką*.
móc können > *mogę, możesz, mogą*.

5. Typ 3: die i-Konjugation (-ę / -isz)

Merkmale:
- Infinitivstamm: -**i** / -**y** bzw. -**e**, aber auch -**a**
- Präsensstamm: Stammvokal -**i** bzw. nach historisch weichen Konsonanten -**y** in den „Mittelformen“ (2. und 3. Person Singular und 1. und 2. Person Plural)
- Lautwechsel: weicher > historisch weicher Konsonant

Zweisilbige Verben wie:
mówić sprechen
palić rauchen
uczyć się lernen
leżeć liegen, *siedzieć* sitzen
słyszeć hören

Einsilbige Verben wie:
bać się sich fürchten
stać stehen
spać schlafen

	mówić	**uczyć się**	**leżeć**	**spać**
(ja)	mówię	uczę się	leżę	śpię
(ty)	mów**i**sz	ucz**y**sz się	leż**y**sz	śp**i**sz
(on, ona)	mów**i**	ucz**y** się	leż**y**	śp**i**
(my)	mów**i**my	ucz**y**my się	leż**y**my	śp**i**my
(wy)	mów**i**cie	ucz**y**cie się	leż**y**cie	śp**i**cie
(oni, one)	mówią	uczą się	leżą	śpią

In der 1. Person Singular und der 3. Person Plural wird aus dem *weichen Konsonanten* ein *historisch weicher Konsonant*, z. B.
wisieć hängen > *wiszę, wisisz, wiszą*;
prosić bitten > *proszę, prosisz, proszą*.

Die Verben *bać się* (sich fürchten), *stać* (stehen) bilden die Präsensformen vom Präsensstamm -**boj** / **stoj**-: *boj-ę się, bo-i-sz się, boj-ą się*; *stoj-ę, sto-i-sz, stoj-ą*.

6. Hilfsverben

Das wichtigste Hilfsverb ist *być* (sein), das seine Formen mit Ausnahme der 3. Person Plural vom Präsensstamm **jest**- bildet. Die Formen des Hilfsverbs **być** werden in der Funktion der Kopula verwendet – zum einen beim nominalen Prädikatsnomen, z. B. *jestem (będę) uczniem* (ich bin Schüler, werde Schüler sein), und zum anderen im Futur für die Bildung zusammengesetzter Verbformen, z. B. *będę czytać* (ich werde lesen).

Verben

§29

Die Verben **zostawać** (imperfektiv - ipf) **/ zostać** (perfektiv - pf) und **stawać się** (ipf) **/ stać się** (pf) treten in der Bedeutung „werden" im nominalen Prädikat, z. B. *został inżynierem* er wurde Ingenieur, sowie bei der Passivbildung, z. B. *dom został zbudowany* das Haus wurde gebaut, in der Funktion eines Hilfsverbs auf:

	być	**zostawać**	**zostać**	**stawać się**	**stać się**
(ja)	jestem	zostaję	zostanę	staję się	stanę się
(ty)	jesteś	zostajesz	zostaniesz	stajesz się	staniesz się
(on, ona)	jest	zostaje	zostanie	staje się	stanie się
(my)	jesteśmy	zostajemy	zostaniemy	stajemy się	staniemy się
(wy)	jesteście	zostajecie	zostaniecie	stajecie się	staniecie się
(oni, one)	są	zostają	zostaną	stajemy się	staną się

7. Unregelmäßige Verben

Zu den häufig gebrauchten Verben, die in ihrem Paradigma unregelmäßige Formen aufweisen, gehören:

jeść (ipf) essen	**brać** (ipf) nehmen	**wiedzieć** (ipf) wissen	**dać** (pf) geben
jem	biorę	wiem	dam
jesz	bierzesz	wiesz	dasz
je	bierze	wie	da
jemy	bierzemy	wiemy	damy
jecie	bierzecie	wiecie	dacie
jedzą	biorą	wiedzą	dadzą

! Achte besonders auf die Form der 3. Person Plural *jedzą* sie essen, die sehr leicht mit der 3. Person Plural von *jechać* fahren, *jadą* sie fahren, verwechselt wird.

Eine Liste mit den wichtigsten unregelmäßig konjugierten Verben findest du im Anhang.

Die Verben *słychać* (man hört, es ist zu hören) und *widać* (man sieht, es ist zu sehen), kommen nur im Infinitiv vor und werden in subjektlosen Sätzen verwendet:
Co słychać? wörtl. Was ist zu hören?, im Sinne von: Was gibt es Neues?
Co tam widać? Was ist (gibt es) da zu sehen?

8. Modalverben

Modalverben *(czasowniki modalne)* sind Verben, die eine Erlaubnis, einen Wunsch, eine Vermutung, Notwendigkeit usw. ausdrücken. Sie stehen mit einem Infinitiv zusammen. Wichtige Modalverben sind: *móc* können, dürfen, *chcieć* wollen, mögen, *musieć* müssen, *mieć* in der Bedeutung: sollen, haben zu + Infinitiv, müssen.
Modalverben können u. a. folgende Bedeutungsnuancen ausdrücken:

móc können
- die Möglichkeit haben, etwas zu tun, z. B.
  Czy możesz przyjść jutro?
  Kannst du morgen kommen?
- imstande / fähig sein, etw. zu tun / etwas zu tun vermögen, z. B.
  Mogę przetłumaczyć ten tekst.
  Ich kann den Text übersetzen.
  Zum Ausdruck von *können* im Sinne des Vermögens, also der Fähigkeit, etwas zu tun, werden meist die Verben *umieć* bzw. *potrafić* verwendet:
  Dziecko umie już pływać, umie już chodzić.
  Das Kind kann schon schwimmen, kann schon laufen.
- die Erlaubnis haben / berechtigt sein, etwas zu tun, z. B.
  Możesz ubiegać się o stypendium.
  Du kannst dich um ein Stipendium bewerben.
- Ausdruck einer höflichen Bitte, z. B.
  Czy mógłbym jutro przyjść do Pana?
  Könnte / dürfte ich morgen zu Ihnen kommen?

musieć müssen
- zu etwas gezwungen sein, keine Wahl haben, z. B.
  Musi już wracać, bo kończy się urlop.
  Er muss schon zurückkehren, denn sein Urlaub geht zu Ende.
- etwas für notwendig halten / als Verpflichtung ansehen, z. B.
  Musisz mi wszystko opowiedzieć.
  Du musst mir alles erzählen.
- etwas unbedingt wollen, z. B.
  Muszę mieć tę płytę.
  Ich muss diese Platte haben.

mieć sollen
- verpflichtet / aufgefordert werden, etwas zu tun, z. B.
  Macie spać, dobranoc.
  Ihr sollt schlafen, gute Nacht! Jetzt wird geschlafen, gute Nacht!
- eine Vermutung haben, etwas vorhersehen, z. B.
  W południowej części kraju ma padać.
  Im südlichen Landesteil soll es regnen.

chcieć wollen, mögen
- einen Wunsch / Willen äußern, z. B.
  Chcę kupić sobie nowe buty.
  Ich möchte mir neue Schuhe kaufen.
- eine Absicht haben, z. B.
  Właśnie chciałam wyjść, gdy wszedłeś.
  Ich wollte gerade hinaus gehen, als du hereinkamst.
- als Ausdruck von Höflichkeit (auch mit Konjunktiv), z. B.
  Chciałbym zaprosić cię na moje urodziny.
  Ich möchte / würde dich gern zu meinem Geburtstag einladen.
- in festen Wendungen, z. B.
  (Nie) chce mi się jeść, spać, pić.
  Ich möchte / will (nicht) essen, schlafen, trinken.

Das ähnlich klingende polnische Verb für das deutsche wollen *woleć* hat die Bedeutung „etwas lieber wollen, bevorzugen“:
Wolę o tym nie myśleć.
Ich möchte lieber nicht daran denken.
Wolę ciebie od niego.
Ich mag lieber dich als ihn.

---

9. Powinien, powinna, powinno

jmd. / etw. soll(te), muss / müsste + Infinitiv

Powinien, powinna, powinno gilt als Modalverb, obwohl es keinen Infinitiv besitzt, an ein Adjektiv erinnert und eine eigentümliche Formenbildung hat; es bildet auch keine Futurformen:

Präsens (czas teraźniejszy)	**Präteritum** (czas przeszły)
(ja) powinienem / powinnam	powinienem był / powinnam była
(ty) powinieneś / powinnaś	powinieneś był / powinnaś była
(on, ona, ono) powinien / powinna / powinno	powinien był / powinna była / powinno było
(my) powinniśmy / powinnyśmy	powinniśmy byli / powinnyśmy były
(wy) powinniście / powinnyście	powinniście byli / powinnyście były
(oni, one) powinni / powinny	powinni byli / powinny były

Powinien verbindet sich im Satz mit dem Infinitiv des Verbs und tritt nur im Prädikat auf:
Nie powinnaś się tak zachowywać.
Du solltest dich nicht so verhalten.
Es kann sowohl mit imperfektiven wie perfektiven Verben verbunden werden.

Powinien (auch: *winien*) hat die Bedeutungsnuance einer (inneren, moralischen) Verpflichtung oder Notwendigkeit, einer Empfehlung, eines Rates oder Wunsches:
Powinieneś mu pomóc.
Du solltest ihm helfen.
Powinniśmy dać dzieciom więcej swobody.
Wir sollten den Kindern mehr Freiheiten lassen.
Kawa powinna być gorąca.
Der Kaffee soll(te) / muss heiß sein.
Powinien był zająć się tą sprawą wcześniej.
Er hätte sich mit dieser Angelegenheit früher befassen sollen / müssen.

Eine weitere Bedeutungsnuance ist die der Hoffnung bzw. Erwartung, dass die im Verb genannte Handlung eintritt:
Mama powinna zaraz wrócić.
Mama sollte (eigentlich) gleich wieder hier sein.

Wie die Beispiele zeigen, entspricht *powinien* in beiden Fällen meist dem Modalverb ***sollen*** im Konjunktiv 2 ***sollte***. Die Modalpartikel *właściwie* bzw. im Deutschen ***eigentlich*** verstärken diese Bedeutung.

---

10. Modalwörter

Neben den Modalverben gibt es zum Ausdruck von modalen Bedeutungsnuancen (Notwendigkeit, Erlaubnis, Vermögen usw.) auch Modalwörter *(wyrazy modalne)* bzw. Modaladverbien. Die Modalwörter bilden mit dem nachfolgenden Infinitiv das Prädikat unpersönlicher Sätze. Dazu gehören:

trzeba	man muss / soll, es ist erforderlich	**Trzeba być zawsze uczciwym.** Man soll immer ehrlich sein. **Trzeba natychmiast zawołać lekarza.** Man muss sofort einen Arzt rufen.
należy, (należałoby)	man muss / sollte, es gehört sich	**Należy zachować spokój.** Man sollte Ruhe bewahren. **Należałoby najpierw zastanowić się nad całą sprawą.** Man sollte zunächst die ganze Sache durchdenken.
wypada, (wypadałoby)	man muss / sollte, es ist angebracht, es gehört (eigentlich) zum guten Ton (oft verneint)	**Za pomoc wypada podziękować.** Für Hilfe muss / sollte man sich bedanken. **Wypadałoby się przedstawić.** Es gehört (eigentlich) zum guten Ton, sich vorzustellen. **Nie wypada czytać przy jedzeniu.** Während des Essens liest man nicht / sollte man nicht lesen.
można	man kann / darf	**Czy można wejść?** Darf man eintreten? **W Warszawie można było obejrzeć ciekawą wystawę.** In Warschau konnte man eine interessante Ausstellung sehen.
wolno	es ist gestattet / erlaubt	**Czy wolno zapytać?** Darf man fragen? **Nie wolno ci wychodzić.** Du darfst nicht hinausgehen.
warto	es lohnt / empfiehlt sich	**Nie warto było oglądać tego filmu.** Es lohnte sich nicht, diesen Film anzuschauen.

Należy und *wypada* sind Verbformen und können daher auch Vergangenheits- bzw. Konjunktivformen bilden:
należało(by), wypadało(by).

Można, wolno, warto sind Adverbien, die das Futur und Präteritum mit den Formen von *być* sein bilden:
można będzie / było / byłoby
wolno będzie / było / byłoby

§30 Präteritum

Das Polnische kennt nur eine Vergangenheitsform, das Präteritum *(czas przeszły)*. Dieses tritt aber in zwei Varianten, dem perfektiven und imperfektiven Aspekt, auf. Es wird vom Infinitiv- bzw. Präteritalstamm gebildet.

Die Personalendungen im Präteritum unterscheiden sich von den Endungen des Präsens wie folgt:

	Sg	Pl
1. Person	-m	-śmy
2. Person	-ś	-ście
3. Person	(endungslos)	(endungslos)

Vor der Personal- und Numerusendung steht als Zeichen des Präteritums das Suffix **-ł** / **-l**. Das Bildungsmuster des Präteritums der 1. Person Singular lautet also:

Infinitivstamm + Suffix **-ł-** + Genus- u. Personalendung:
czyta + **ł** + **e - m** = **czytałem** ich las

In der polnischen Konjugation haben die Verben im Präteritum, Futur und Konjunktiv, anders als im Deutschen, auch das Merkmal des grammatischen Genus. Im Singular unterscheiden wir wie bei den Substantiven Maskulinum, Femininum und Neutrum, im Plural wiederum Personalform und Sachform:

Singular

	Maskulinum	Femininum	Neutrum
(ja)	czyta-**ł**-em	czyta-**ł**-am	-
(ty)	czyta-**ł**-eś	czyta-**ł**-aś	-
(on, ona, ono)	czyta-**ł**	czyta-**ł**-a	czyta-**ł**-o

Plural

	Personalform	Sachform
(my)	czyta-**l**-iśmy	czyta-**ł**-yśmy
(wy)	czyta-**l**-iście	czyta-**ł**-yście
(oni, one)	czyta-**l**-i	czyta-**ł**-y

Nach diesem Muster werden die meisten Verben konjugiert, auch das Hilfsverb **być** (sein):

	Sg	Pl
1. Person	byłem, byłam	byliśmy, byłyśmy
2. Person	byłeś, byłaś	byliście, byłyście
3. Person	był, była, było	byli, były

Auch im Präteritum kommt es bei Verben mit der Infinitivendung **-eć** zum Lautwechsel im Wortstamm, insbesondere zum Vokalwechsel **e** > **a**:

Infinitiv	3. Person Sg	1. Person Pl	
	Mask / (Fem) / (Neutr)	Sachform	Personalform
myśleć denken	myśl**a**ł(a / o)	myśl**a**łyśmy	myśl**e**liśmy
chcieć wollen	chci**a**ł(a / o)	chci**a**łyśmy	chci**e**liśmy
leżeć liegen	leż**a**ł(a / o)	leż**a**łyśmy	leż**e**lismy
widzieć sehen	widzi**a**ł(a / o)	widzi**a**łyśmy	widzi**e**liśmy
mieć haben	mi**a**ł(a / o)	mi**a**łyśmy	mi**e**liśmy
wiedzieć wissen	wiedzi**a**ł(a / o)	wiedzi**a**łyśmy	wiedzi**e**liśmy

Verben

§30

Nachfolgend die wichtigsten Verben mit unregelmäßigen Präteritalformen (weitere s. Anhang):

Inf	Sg (m)	Sg (f)	Pl (Sachform)	Pl (Personalform)
iść gehen	**szedłem**	**szłam**	**szłyśmy**	**szliśmy**
jeść essen	**jadłem**	**jadłam**	**jadłyśmy**	**jedliśmy**
wieźć fahren	**wiozłem**	**wiozłam**	**wiozłyśmy**	**wieźliśmy**
nieść tragen	**niosłem**	**niosłam**	**niosłyśmy**	**nieśliśmy**
móc können	**mogłem**	**mogłam**	**mogłyśmy**	**mogliśmy**
umrzeć sterben	**umarł**	**umarła**	**umarły**	**umarli**

Die Betonung der Pluralformen im Präteritum bleibt auf dem Verbstamm und fällt damit auf die drittletzte Silbe: czyt**a**liśmy, czyt**a**liście. Eine Betonung auf der vorletzten Silbe (czytal**i**śmy) in den Pluralformen gilt als dialektal gefärbt und wird als ungebildet empfunden.

Die Endungen der 2. Person Singular sowie die 1. und 2. Person Plural sind beweglich. Sie können auch getrennt vom Verbstamm an ein vor dem Verb stehendes Wort (Pronomen, Adverb, Konjunktion usw.) angefügt werden, z. B. **Co (ty) zrobiłeś? Coś ty zrobił?**
Was hast du getan?
Kiedy byliście w kinie? Kiedyście byli w kinie?
Wann wart ihr im Kino?
Diese Formen trifft man vor allem in der Umgangssprache an.

Präteritum

---

§31

§31 Futur

Die Konjugationsformen des Hilfsverbs *być* sein lauten im Futur *(czas przyszły)*:

będę ich werde
będziesz du wirst
będzie er, sie, es wird
będziemy wir werden
będziecie ihr werdet
będą sie werden

1. Bildung

Vergleiche die folgenden Formen des Verbpaares *pisać / napisać* schreiben und versuche herauszufinden, wie das Futur gebildet wird!

(ja) będę	pisać	będę	pisał / pisała	napiszę
(ty) będziesz	pisać	będziesz	pisał / pisała	napiszesz
(oni, one) będą	pisać	będą	pisali / pisały	napiszą

Wie wir sehen, gibt es zwei Futurformen, die vom imperfektiven oder perfektiven Aspekt des Verbs gebildet werden:

a) Vom *imperfektiven* Aspekt wird das *zusammengesetzte Futur (czas przyszły złożony)* gebildet. Es setzt sich zusammen aus der Futurform des Hilfsverbs *być* (sein) und einer *imperfektiven* Verbform.

Dabei gibt es zwei Varianten:

1. **być** + **Infinitiv**: *będę czytać* oder
2. **być** + **3. Person Präteritum**:
   będę czytał / czytała ich werde lesen oder
   będziemy czytali / czytały wir werden lesen

Beide Bildungsmöglichkeiten sind völlig gleichberechtigt. Dennoch wird im Alltag häufiger die Variante mit der Präteritalform gebraucht. Sie

Futur

drückt im Unterschied zur Infinitivform und im Unterschied zum Deutschen auch das Merkmal des Genus aus und ist daher präziser, informativer, vgl.:
będę czytała – von einer weiblichen Person
będą czytał – von einer männlichen Person
będziemy czytały – von einer Gruppe weiblicher Personen
będziemy czytali – von einer Gruppe männlicher Personen bzw. einer gemischten Gruppe

Steht ein Modalverb, z. B. **chcieć, móc, musieć**, im imperfektiven Futur, muss die Variante mit der Präteritalform verwendet werden, weil sonst zwei Infinitive aufeinanderfolgen, vgl. **będę chciała kupić** ich werde kaufen wollen.
Będę czytać / czytała ist die traditionelle Wortfolge. Gegenwärtig setzt sich aber in der Alltagssprache immer mehr die umgekehrte Reihenfolge durch: **czytać / czytała będę**.

b) Vom konjugierten *perfektiven* Verb wird das *einfache Futur (czas przyszły prosty)* gebildet:
Przeczytam książkę. Ich werde das Buch (durch-) lesen.
Przeczytamy książkę. Wir werden das Buch (durch)lesen.

Wir können somit die vorhergehende Tabelle folgendermaßen vervollständigen:

zusammengesetztes (imperfektives) Futur				**einfaches (perfektives) Futur**
Futur v. **być** + (ipf) Infinitiv		Futur v. **być** + 3. Person (ipf) Präteritum		
(ja) **będę**	**pisać**	**będę**	**pisał / pisała**	**napiszę**
(ty) **będziesz**	**pisać**	**będziesz**	**pisał / pisała**	**napiszesz**
(on, ona) **będzie**	**pisać**	**będzie**	**pisał / pisała**	**napisze**
(my) **będziemy**	**pisać**	**będziemy**	**pisali / pisały**	**napiszemy**
(wy) **będziecie**	**pisać**	**będziecie**	**pisali / pisały**	**napiszecie**
(oni, one) **będą**	**pisać**	**będą**	**pisali / pisały**	**napiszą**

Perfektive Verben haben kein Präsens, ihre Präsensform drückt das Futur aus! Im zusammengesetzten Futur darf eine Form von *być* (sein) nie mit einer perfektiven Verbform kombiniert werden, *być* + Verb im perfektiven Aspekt gibt es nicht!

2. Gebrauch

Für den Gebrauch des *imperfektiven* bzw. *perfektiven* Aspekts im Futur gelten grundsätzlich die Regeln, die in § 32 zum Gebrauch des Verbalaspekts genannt werden:

Das zusammengesetzte, *imperfektive* Futur bezeichnet eine Tätigkeit, die in der Zukunft vor sich gehen soll, von welcher der Sprecher / Schreiber aber nicht mit Sicherheit weiß, ob sie vollendet oder zu Ende gebracht wird, z. B.
Będę pisała list do rodziców.
Ich werde den Eltern einen Brief schreiben.

Das einfache, *perfektive* Futur bezeichnet eine zukünftige Tätigkeit, die aus der Sicht des Sprechers / Schreibers mit Bestimmtheit auch abgeschlossen werden wird, z. B.
Napiszę list do rodziców.
Ich werde den Eltern (ganz bestimmt, unbedingt) einen Brief schreiben.
Napiszę wypracowanie na temat ochrony środowiska.
Ich werde (bestimmt, mit Sicherheit, habe mich entschieden) einen Aufsatz zum Thema Umweltschutz schreiben.

E

Verben

§32

§32 Aspekt der Verben

1. Was ist der Aspekt der Verben?

Im Polnischen treten bis auf wenige Ausnahmen alle Verben in zwei Varianten auf. Sie bilden ein Verbpaar aus dem imperfektiven (unvollendeten) und dem perfektiven (vollendeten) Aspekt *(aspekt)*, z. B. *robić – zrobić* machen, *pisać – napisać* schreiben.

Beide Aspekte bezeichnen ein und dieselbe Handlung, charakterisieren diese aber unter einem bestimmten Gesichtspunkt (Aspekt) genauer, indem sie kennzeichnen, in welchem Stadium sich die Handlung befindet. Die Aspekte unterscheiden sich daher nicht inhaltlich, sondern in der Sichtweise des Sprechers / Schreibers auf das mit dem Verb beschriebene Geschehen:
Mithilfe der jeweiligen Aspektform kann der Sprecher eine Handlung mitten in ihrem Ablauf bzw. als wiederholt, gewohnheitsmäßig, d. h. „unvollendet" darstellen; oder aber der Sprecher betrachtet sie als abgeschlossen bzw. einmalig, d. h. „vollendet".
Der perfektive Aspekt kennzeichnet eine Handlung also als Ganzes – mit Anfang, Abschluss und Ergebnis; in diesem Sinne ist „vollendet" gemeint.

Die Termini *perfektiv* bzw. *imperfektiv* haben weder etwas mit dem deutschen Tempus *Perfekt* zu tun noch mit *perfekt* im Sinne von „vollkommen, hervorragend". Die Adjektive *vollendet* bzw. *unvollendet* bedeuten auch nicht „vergangen" wie in deutschen grammatischen Termini für die Tempora *vollendete Gegenwart* (= Perfekt) und *vollendete Vergangenheit* (= Plusquamperfekt).

Bedeutungen des Verbalaspekts

imperfektiver Aspekt
1. mitten im Verlauf gesehene, andauernde Handlung
2. gewohnheitsmäßige oder mehrfach wiederholte Handlung

perfektiver Aspekt
1. abgeschlossene, als Ganzes vom Betrachter von außen gesehene Handlung
2. als einmalig aufgefasste Handlung mit Abschluss

Tempus und Aspekt sind somit zwei verschiedene verbale Kategorien, die zwar in enger Verbindung stehen, jedoch eigene Funktionen haben. Die nebenstehende Tabelle soll die Beziehung zwischen Tempus und Aspekt verdeutlichen:

Präsens imperfektiver Aspekt	**Präteritum** imperfektiver Aspekt perfektiver Aspekt	**Futur** imperfektiver Aspekt perfektiver Aspekt
Jan czyta książkę.	**Jan czytał książkę.**	**Jan będzie czytał książkę.**
	Jan przeczytał książkę.	**Jan przeczyta książkę.**

Ordne den oben stehenden polnischen Beispielsätzen auf der Grundlage der oben beschriebenen Aspektbedeutungen die nachfolgenden deutschen Entsprechungen zu!

Jan liest das / ein Buch.
Jan las (gerade) ein Buch.
Jan wird das Buch (durch-)gelesen haben.
Jan wird das Buch lesen (aber es ist nicht sicher, ob er es ganz liest).
Jan hat das Buch (ganz / vollständig) gelesen.

Lösung: Anhand der beschriebenen Bedeutungen des Verbalaspekts ergeben sich folgende Entsprechungsmöglichkeiten im Deutschen:

Präsens imperfektiver Aspekt	**Präteritum** imperfektiver Aspekt perfektiver Aspekt	**Futur** imperfektiver Aspekt perfektiver Aspekt
Jan czyta książkę. Jan liest das / ein Buch.	**Jan czytał książkę.** Jan las (gerade) ein Buch.	**Jan będzie czytał książkę.** Jan wird das Buch lesen (aber es ist nicht sicher, ob er es ganz liest).
	Jan przeczytał książkę. Jan hat das Buch (ganz / vollständig) gelesen.	**Jan przeczyta książkę.** Jan wird das Buch (durch)gelesen haben.

Aspekt der Verben

2. Woran erkennt man ein perfektives bzw. imperfektives Verb?

Es gibt mehrere Möglichkeiten, wie man die Aspektformen erkennen kann.
Bei vielen Verben erfolgt die Bildung der beiden Aspektpartner nach bestimmten Wortbildungsmustern, die man in Regeln fassen kann. Dadurch kann man bei jedem neu zu lernenden Verb mit einiger Sicherheit voraussagen, um welchen Aspekt es sich handelt und wie der Aspektpartner dazu lauten muss.

In Wörterbüchern, vor allem zweisprachigen, findest du in der Regel ein Verb in der Form des imperfektiven Aspekts, wobei auch häufig der perfektive Aspektpartner mit genannt wird, z. B. *pisać* (pf) *napisać*. Lerne mit einem neuen Verb immer auch den anderen Aspekt mit, am besten in der Reihenfolge imperfektiv / perfektiv!

Vergleiche die folgenden Verbpaare und versuche die Gemeinsamkeiten und Unterschiede in der Bildung des jeweiligen Aspektpartners herauszufinden!

pisać (ipf) - **na**pisać (pf) schreiben	pokazać (pf) - pokaz**yw**ać (ipf) zeigen	gwizdać (ipf) - gwizd**ną**ć (pf) pfeifen	wrac**a**ć (ipf) - wróc**i**ć (pf) zurückkehren
kończyć (ipf) - **s**kończyć (pf) beenden	dokonać (pf) - dokon**yw**ać (ipf) durchführen	sprzątać (ipf) - sprząt**ną**ć (pf) aufräumen	rzuc**a**ć (ipf) - rzuc**i**ć (pf) werfen
robić (ipf) - **z**robić (pf) machen, tun	kupić (pf) - kup**ow**ać (ipf) kaufen	pękać (ipf) - pęk**ną**ć (pf) platzen	chwyt**a**ć (ipf) - chwyc**i**ć (pf) greifen
gotować (ipf) - **u**gotować (pf) kochen	dać (pf) - da**w**ać (ipf) geben	unikać (ipf) - unik**ną**ć (pf) vermeiden	puszcz**a**ć (ipf) - puśc**i**ć (pf) loslassen

Wir sehen,
- dass man den jeweiligen Aspektpartner mithilfe von Präfixen (Spalte 1) und Suffixen (Spalte 2 und 3) ableiten kann,
- dass auch Veränderungen im Stammvokal einen Aspektwechsel verursachen können (Spalte 4),
- dass die Ausgangsform zur Bildung des Aspektpartners sowohl imperfektiv (Spalte 1, 3 und 4) als auch perfektiv (Spalte 2) sein kann.

Somit lässt sich die oben stehende Tabelle wie folgt präzisieren:

1. Ableitung durch Präfix	2. Ableitung durch Suffix	3. Ableitung durch Suffix -ną-	4. Veränderungen im Verbstamm
(ipf) > (pf)	(pf) > (ipf)	(ipf) > (pf)	(ipf) > (pf)
pisać > **na**pisać	pokazać > pokaz**yw**ać	gwizdać > gwizd**ną**ć	wrac**a**ć > wróc**i**ć
kończyć > **s**kończyć	dokonać > dokon**yw**ać	sprzątać > sprząt**ną**ć	rzuc**a**ć > rzuc**i**ć
robić > **z**robić	kupić > kup**ow**ać	pękać > pęk**ną**ć	chwyt**a**ć > chwyc**i**ć
gotować > **u**gotwać	dać > da**w**ać	unikać > unik**ną**ć	puszcz**a**ć > puśc**i**ć

Die meisten einfachen, d. h. unpräfigierten Verben sind imperfektiv und bilden den perfektiven Aspekt durch Hinzufügen eines *Präfixes*.

Achtung! Bei den präfigierten perfektiven Aspektformen kommt mit dem Präfix zur Grundbedeutung des Verbs meist noch eine neue Bedeutungsnuance hinzu. Selten ist daher ein präfigiertes Aspektpaar völlig bedeutungsgleich, z. B. oben die Beispiele in der ersten Spalte:

pisać – napisać schreiben
robić – zrobić machen, tun
kończyć – skończyć beenden – sowie
budować – zbudować bauen
rozumieć – zrozumieć verstehen
Es handelt sich im Wesentlichen um das neutrale Präfix **z**-; vgl. demgegenüber:
podpisać unterschreiben
odpisać abschreiben
opisać beschreiben
przepisać ver-, ab- überschreiben usw.

Verben

Ein wichtiges *Suffix* zur Bildung des imperfektiven Aspekts von einem präfigierten perfektiven Verb ist **-ywa** / **-iwa**, z. B.:
otrzymać (pf) erhalten > *otrzymywać* (ipf)
wychować (pf) erziehen > *wychowywać* (ipf)
opisać (pf) beschreiben > *opisywać* (ipf)

Die folgenden Aspektpaare werden von unterschiedlichen Stämmen gebildet:

kłaść (ipf) > *położyć* (pf) legen
brać (ipf) > *wziąć* (pf) nehmen
znajdować (ipf) > *znaleźć* (pf) finden
mówić (ipf) > *powiedzieć* (pf) sagen
oglądać (ipf) > *obejrzeć* (pf) anschauen

---

3. Gebrauch der Aspektformen

Die Unterscheidung von perfektivem und imperfektivem Aspekt zieht sich durch die gesamte Formenbildung des Verbs: Konjugation, Tempus, Imperativ, Konjunktiv, Passiv, Partizipienbildung und Verbalsubstantive.

Oftmals geben Wörter im Text Hinweise darauf, welche Aspektform verwendet werden muss:

Mit dem *imperfektiven Aspekt (aspekt niedokonany)* stehen z. B. immer *Adverbien*, die eine zeitliche Dauer ausdrücken wie:
ciągle ständig
czasami, czasem manchmal
często oft
długo lange
zawsze immer
zwykle gewöhnlich

Aber auch nach einigen *Verben* steht der imperfektive Aspekt, z. B. nach Phasenverben (siehe §28), wie:
zacząć beginnen
skończyć beenden
przestać aufhören sowie
kontynuować fortsetzen
lubić gern haben

Den Gebrauch des *perfektiven Aspekts (aspekt dokonany)* zeigen dagegen Adverbien an wie:
nagle plötzlich
natychmiast sofort
wkrótce bald
wreszcie endlich

Obwohl sich im Deutschen in Verbpaaren wie *bauen – erbauen, essen – aufessen, trinken – austrinken, blühen – erblühen, frieren – erfrieren, stoßen – durchstoßen* ansatzweise eine Unterscheidung nach Aspekten ausdrücken lässt, müssen hier die oben beschriebenen Aspektbedeutungen des Polnischen meist mit lexikalischen Mitteln wiedergegeben werden.

Häufig fügt man daher entsprechende Adverbien, Modalverben und Partikeln hinzu wie die genannten *oft, immer, ständig, plötzlich, unerwartet.* Teilweise kann der polnische Aspekt aber auch durch eine der deutschen Vergangenheitszeiten wiedergegeben werden.

In jedem Fall muss aus der deutschen Entsprechung hervorgehen, ob die verbale Handlung abgeschlossen ist oder ob es sich um eine wiederholte Tätigkeit handelt, z. B:
Kasia pisze list. Kasia schreibt *gerade* einen Brief. Kasia schreibt *an* einem Brief.
Kasia napisze list. Kasia wird (mit Sicherheit, ganz bestimmt) den Brief (fertig) schreiben.

---

4. Verben der Fortbewegung

a) Es gibt eine kleine Bedeutungsgruppe von *imperfektiven* Verben, so genannte *Verben der Bewegung (czasowniki ruchu)*, z. B. *iść* gehen, *jechać* fahren, die eine Fortbewegung im Raum bezeichnen. Diese Gruppe zeichnet sich dadurch aus, dass sie ebenfalls in zwei, aber jeweils *imperfektiven* (!) Varianten vorkommt: als zielgerichtete, bestimmte Verben *(czasowniki zdeterminowane)* und als nicht zielgerichtete, unbestimmte Verben *(czasowniki niezdeterminowane)*, vgl. folgende Übersicht:

zielgerichtet	nicht zielgerichtet	
iść (idę, idziesz)	chodzić (chodzę, chodzisz)	gehen
jechać (jadę, jedziesz)	jeździć (jeżdżę, jeździsz)	fahren
biec (biegnę, biegniesz)	biegać (biegam, biegasz)	laufen
lecieć (lecę, lecisz)	latać (latam, latasz)	fliegen
nieść (niosę, niesiesz)	nosić (noszę, nosisz)	tragen
wieźć (wiozę, wieziesz)	wozić (wożę, wozisz)	transportieren
płynąć (płynę, płyniesz)	pływać (pływam, pływasz)	schwimmen
leźć (lezę, leziesz)	łazić (łażę, łazisz)	herumlaufen, schlendern

b) *Zielgerichtete* Verben der Bewegung geben die Fortbewegung in einer bestimmten Richtung und zu einem bestimmten Zeitpunkt an. *Nicht zielgerichtete* Verben der Bewegung bezeichnen ganz allgemein eine Fortbewegung bzw. eine in mehrere Richtungen oder eine gewohnheitsmäßige Bewegung:
Karol **idzie** *do szkoły.*
Karol geht *in* die Schule (= ist auf dem Weg in die Schule).
Karol **chodzi** *do szkoły.*
Karol geht *zur* Schule (= ist Schüler).

Dzieci **biegną** *przez park.*
Die Kinder laufen *durch* den Park (hindurch = in einer Richtung).
Dzieci **biegają** *po parku.*
Die Kinder laufen *im* Park *umher* (= in mehreren Richtungen).

Uczniowie w tym roku **jadą** *rowerem w góry.*
Die Schüler fahren dieses Jahr mit dem Fahrrad *in* die Berge.
Uczniowie codziennie **jeżdżą** *rowerem do szkoły.*
Die Schüler fahren täglich mit dem Fahrrad *zur* Schule (= gewohnheitsmäßig).

c) Mit dem Präfix **po**- lassen sich von den *nicht zielgerichteten imperfektiven* Verben der Bewegung *perfektive* Verben bilden, die eine Fortbewegung mit zeitlich begrenzter Dauer bezeichnen, vgl. *pochodzić* ein bisschen / eine Zeit lang gehen, *pobiegać* ein bisschen / eine Zeit lang laufen, *pojeździć* ein bisschen / eine Zeit lang fahren.

Mit dem Präfix **po**- von *zielgerichteten imperfektiven* Verben der Bewegung gebildete *perfektive* Verben verweisen auf den Beginn der Tätigkeit und betonen den Beginn der Fortbewegung im Raum, z. B. *polecieć, pobiec.*

Die *zielgerichteten* Verben der Bewegung bilden durch Präfigierung weitere *perfektive* Entsprechungen, dabei wird das **i** in *iść* zu **j**: *iść* (ipf) > *pójść* (pf), *jechać* (ipf) > *pojechać* (pf). Durch das Präfix kann eine zusätzliche Bedeutungsnuance entstehen:

w + iść > wejść (pf) hinein-gehen
wy + iść > wyjść (pf) hinaus-gehen
przy + iść > przyjść (pf) (zu Fuß) ankommen
od + iść > odejść (pf) weg-gehen

w + jechać > wjechać (pf) hinein-fahren
wy + jechać > wyjechać (pf) hinaus-fahren
przy + jechać > przyjechać (pf) (fahrend) ankommen
od + jechać > odjechać (pf) ab-, weg-fahren

d) Von den so entstandenen präfigierten *perfektiven* Verben kann wiederum ein echter *imperfektiver* Aspekt mit der gleichen Bedeutungsnuance abgeleitet werden:

perfektives Verb	imperfektives Verb
wejść hineingehen	wchodzić
wyjść hinausgehen	wychodzić
przyjść an-, hinkommen	przychodzić
odejść weggehen	odchodzić
wjechać hineinfahren	wjeżdżać
wyjechać hinausfahren	wyjeżdżać
przyjechać ankommen	przyjeżdżać
odjechać ab-, wegfahren	odjeżdżać
przynieść (mit)bringen	przynosić

Verben

§32

5. Aktionsarten

Einige imperfektive Verben bezeichnen einen Prozess, der sich aus regelmäßig wiederholenden Teilhandlungen zusammensetzt. Diese so genannten ***iterativen*** Verben *(czasowniki częstotliwe)* oder *wielokrotne* werden von nichtpräfigierten, imperfektiven Verben mit Suffixen, am häufigsten mit -**ywa**-, gebildet.

Zu den vor allem in der geschriebenen Sprache häufig gebrauchten gehören:

von *być* sein > *bywać*
von *grać* spielen > *grywać*
von *pić* trinken > *pijać*
von *jeść* essen > *jadać*
von *pisać* schreiben > *pisywać*
von *spać* schlafen > *sypiać*

Im Deutschen können diese Verben mit „die Gewohnheit haben" oder „gewöhnlich / üblicherweise etwas Bestimmtes tun" wiedergegeben werden:
mawiać (für) gewöhnlich (immer) sagen,
pijać (für) gewöhnlich (immer) trinken usw.

Oft befindet sich im Satz noch eine Adverbialbestimmung, die die Häufigkeit der Wiederholung unterstreicht:
Obiady jadam / jadałem (zwykle) w stołówce.
Mittags esse / aß ich gewöhnlich / immer in der Kantine.
Pisuje do rodziców co tydzień.
Er schreibt seinen Eltern immer wöchentlich.
Wieczorem pijam herbatę.
Abends trinke ich immer Tee.

Man spricht in diesem Fall auch von der *iterativen Aktionsart.*
Neben dieser Aktionsart gibt es noch weitere Aktionsarten der Verben, die bestimmte zusätzliche Bedeutungsvarianten ausdrücken. Sie werden mit Präfix gebildet und sind meist perfektiv. Hier einige häufig vorkommende Beispiele:

Aktionsart	Bildung	Bedeutung	Beispiele
delimitativ	**po-**	eine kurze begrenzte Zeit lang, ein Weilchen etwas tun	**popracować** eine Zeit lang / ein wenig arbeiten, **popłakać** eine Zeit lang / ein bisschen weinen, **posiedzieć** eine Zeit lang / ein wenig sitzen
evolutiv	**roz- + się**	anfangen und immer intensiver werden	**rozpłakać się** in Weinen ausbrechen / anfangen zu weinen, **rozchorować się** (richtig) krank werden
saturativ	**na- + się**	etwas bis zur Sättigung / zum Maximum tun	**najeść się** sich satt / bis zum Überdruss essen, **nabiegać się** bis zur Erschöpfung / zum Umfallen laufen, **napracować się** sich (bis zur Erschöpfung) abmühen, sich abplagen
ingressiv	**za-**	Beginn der Handlung	**zaśpiewać** anfangen zu singen, **zainteresować się** anfangen sich zu interessieren

Kilku widzów popłakało na filmie.
Einige Zuschauer weinten (ein bisschen) während des Films.
Dziewczyna nagle się rozchorowała.
Das Mädchen erkrankte plötzlich (ernsthaft).
Dzieci nabiegały się i poszły spać.
Die Kinder tobten sich (richtig) aus und gingen dann schlafen.
Policja zainteresowała się tą sprawą.
Die Polizei begann sich für diese Sache zu interessieren.

§33 Imperativ

Du kennst aus dem Deutschen den Imperativ der 2. Person Singular und Plural als Flexionsform: *geh! geht!* sowie den so genannten Hortativ in der 1. Person Plural Konjunktiv: *Lasst uns gehen!* Das Polnische kennt noch weitere Formen.

1. Bildung

Die Formen des polnischen Imperativs *tryb rozkazujący*:

1. Person Sg	–	–
2. Person Sg	czytaj!	lies!
3. Person Sg	niech czyta!	er soll, möge lesen!
1. Person Pl	czytajmy!	lesen wir! lasst uns lesen!
2. Person Pl	czytajcie!	lest!
3. Person Pl	niech czytają!	mögen, sollen sie lesen!

Wir sehen:
- Das Polnische kann mit Ausnahme der 1. Person Singular den Imperativ in allen Personen bilden.
- Der Imperativ der 2. Person Singular ist die Ausgangsform für die Bildung der 1. und 2. Person Plural mithilfe der Personalendungen **-my** und **-cie:** *czytaj! czytajmy! czytajcie!*
- Der Imperativ der 3. Person Singular und Plural wird mithilfe der Partikel *niech* möge und der entsprechenden Konjugationsform der 3. Person umschrieben:
  Niech czyta, pyta, pisze!
  Möge / soll er lesen, fragen, schreiben!
  Niech czytają, pytają, piszą!
  Mögen / sollen sie lesen, fragen, schreiben!

Der Imperativ der 2. Person Singular

Die Bildung des Imperativs in der 2. Person Singular erfolgt anhand des Präsensstamms der 3. Person Singular bzw. Plural durch Wegstreichen der Personalendung bzw. des Stammvokals. Der Imperativ endet dementsprechend entweder auf **-j** oder auf einen Konsonanten, z. B.
pytać fragen > *pytaj-ą* > *pytaj!*;
brać nehmen > *bierz-e* > *bierz!*

Bei einer Konsonantenhäufung wird ein **-i-** eingeschoben: *biegnąć* laufen > *biegn-ą* > *biegnij!*

! Bei reflexiven Verben bleibt das **się** erhalten: *Ucz się pilnie!* Lerne fleißig!

Die folgende Tabelle macht den Zusammenhang zwischen der Bildung des Imperativs der 2. Person und dem Konjugationstyp deutlich:

Konjugationstyp	Infinitiv	Stamm der 3. Person Sg bzw. Pl	Imperativ der 2. Person Sg und Pl	
-am, -asz / -em, -esz	czytać lesen oglądać betrachten rozumieć verstehen	czytaj-ą oglądaj-ą rozumiej-ą	czytaj! oglądaj! rozumiej!	czytajcie! oglądajcie! rozumiejcie!
-ę, -esz	bić schlagen pracować arbeiten sprzątnąć aufräumen	bij-ą pracuj-ą sprzątn-ą	bij! pracuj! sprzątnij!	bijcie! pracujcie! sprzątnijcie!
-ę, -isz / -ysz	prosić bitten lecieć fliegen kupić kaufen otworzyć öffnen leżeć liegen	pros-i lec-i kup-i otworz-y leż-y	proś! leć! kup! otwórz! leż!	proście! lećcie! kupcie! otwórzcie! leżcie!

Verben

§33 Imperativformen einiger unregelmäßiger Verben

wiedzieć wissen	*wiedz-ą*	*wiedz!*
powiedzieć sagen	*powiedz-ą*	*powiedz!*
jeść essen	*jedz-ą*	*jedz!*
mieć haben	*maj-ą*	*miej!*
chcieć wollen	*chc-ą*	*chciej!*
wziąć nehmen	*weźmi-e*	*weź!*
iść gehen	*idzi-e*	*idź!*
być sein	*będzi-e*	*bądź!*

Die Verben *stawać* (stehen), *dawać* (geben) bilden den Imperativ vom Infinitivstamm: *dawaj! stawaj!* In einigen Fällen kommt es bei der Imperativbildung zum Vokalwechsel von **o** zu **ó**: *otworzyć* öffnen > *otwórz!* bzw. **ę** zu **ą**: *być* sein > *będzie* > *bądź!*

---

2. Gebrauch

Der Imperativ kann von imperfektiven wie perfektiven Verben gebildet werden. Die *imperfektiven* Formen des Imperativs beziehen sich auf eine zeitlich unbefristete Tätigkeit, *perfektive* Imperativformen verweisen auf eine einmalige Handlung, von der man den Abschluss erwartet:

Rób *codziennie gimnastykę poranną!*
Mach jeden Tag Morgengymnastik!
Co masz zrobić dziś, **zrób** *natychmiast!*
Was du heute zu erledigen hast, tu gleich!
Każdy dzień **zaczynaj** *od śniadania!*
Beginne jeden Tag mit einem Frühstück!
Chcesz zmienić innych? **Zacznij** *od siebie!*
Du möchtest andere ändern? Beginne bei dir selbst!
Zamykaj *drzwi wejściowe na klucz!*
Schließ die Eingangstür (stets) ab!
Zamknij *to okno!*
Schließ dieses Fenster!

Bei *verneinten* Imperativformen ist in der Regel der *imperfektive* Aspekt zu verwenden:

Nie **otwieraj** *plików / maili niewiadomego pochodzenia!*
Öffne keine Dateien / Mails unbekannter Herkunft!
Nie **zamykaj** *nigdy tego okna!*
Schließe dieses Fenster nie!

! Die Verwendung des perfektiven Aspekts im negierten Imperativ signalisiert ein starkes, kategorisches Verbot bzw. eine Warnung oder auch Drohung!

Der Imperativ der 2. Person Singular und Plural wird zwischen Gesprächspartnern gebraucht, die sich duzen, die Imperativformen mit *niech (pan / pani / państwo)* unter Gesprächspartnern, die sich siezen:

Niech pan / pani siada / siądzie!
Setzen Sie sich! Nehmen Sie Platz!
Niech państwo siadają / usiądą!
Nehmen Sie Platz!

Höflicher ist der Imperativ mit vorgeschaltetem *proszę* bitte:

Proszę, niech pan / pani siada / usiądzie!
Proszę, niech państwo siadają!
Nehmen Sie doch bitte Platz!
Proszę, niech pan wejdzie!
Kommen Sie doch herein!

Am angemessensten für die höfliche Aufforderung, sowohl bei der Ansprache mit Du als auch mit Sie, ist die Konstruktion *proszę* + Infinitiv, vor allem wenn mehrere Personen angesprochen werden:
Proszę się poczęstować! Greifen Sie zu! Bedienen Sie sich! Bedient Euch!
Proszę siadać / usiąść! Nehmen Sie bitte Platz! Nehmt Platz!

§34 Konjunktiv

Im Polnischen gibt es nur eine Konjunktivform, die vom imperfektiven und perfektiven Verb gebildet werden kann.

1. Bildung

Das formale Kennzeichen des Konjunktivs *(tryb przypuszczający)* ist die Partikel -**by**. Sie tritt zwischen die imperfektive oder perfektive Verbform der 3. Person Präteritum und die Personalendungen des Präteritums **-m, -ś, -śmy, -ście**:

Verbform 3. Person Präteritum + by + Personalendung:
pytał(a) / pytali (pytały) + by + -m / -ś / -śmy / -ście

Auch im Konjunktiv werden Maskulinum, Femininum und Neutrum im Singular unterschieden, im Plural hingegen Personalmaskulina und Nicht-Personalmaskulina:

	Sg			Pl	
	Maskulinum	**Femininum**	**Neutrum**	**Personalform**	**Sachform**
1. Person	chciał-**by**-m	chciała-**by**-m		chcieli-**by**-śmy	chciały-**by**-śmy
2. Person	chciał-**by**-ś	chciała-**by**-ś		chcieli-**by**-ście	chciały-**by**-ście
3. Person	chciał-**by**	chciała-**by**	chciało-**by**	chcieli-**by**	chciały-**by**

! Die Betonung bleibt auf dem Verbstamm: *chci**a**łabym, chci**e**-li-by-śmy*, liegt also auf der dritt- oder viertletzten Silbe.

Die Partikel -**by** ist mit der Personalendung untrennbar zu -**bym**, -**byś**, -**byśmy**, -**byście** verbunden und wird mit der Verbform zusammengeschrieben, vgl. czyta*łbym* ich würde lesen. Sie kann jedoch, mit der Personalendung verbunden, auch vor der Verbform stehen und wird z. B. mit einer Konjunktion oder einer Partikel zusammengeschrieben, wenn diese am Anfang stehen, vgl. *gdybyśmy mogli* = *gdy moglibyśmy*
wenn wir könnten.

Tritt die Partikel an ein Adverb oder Pronomen oder an unpersönliche Verbformen wie *trzeba* man muss und *można* man kann heran, so werden die Formen getrennt geschrieben:
Kupiłabym *sobie* **chętnie** *nowy komputer.*
Chętnie bym *sobie* **kupiła** *nowy komputer.*
Ich würde mir gern einen neuen Computer kaufen.
Nie **kupiłabym** *tego komputera.*
Ja bym *nie* **kupiła** *tego komputera.*
Ich würde mir diesen Computer nicht kaufen.
Trzeba by *zapytać rodziców.*
Man müsste die Eltern fragen.

2. Gebrauch

Im Deutschen ist der Anwendungsbereich des Konjunktivs größer als im Polnischen. So steht der polnische Konjunktiv nicht – wie meist im Deutschen – in der indirekten Rede, vgl.
Rafał powiedział, że nauczyciel **jest** *chory.*
Rafał sagte, dass der Lehrer krank **sei** (ist).

Der Konjunktiv beschreibt einen Sachverhalt als nur bedingt real und bezeichnet eine nicht wirkliche, sondern (nur) mögliche oder gewünschte Handlung.

a) Mit dem Konjunktiv können Bitten, Aufforderungen, Wünsche höflicher bzw. abgeschwächt und unaufdringlicher als im Indikativ ausgedrückt werden, insbesondere bei der Gesprächseröffnung:
Chciałabym o coś zapytać.
Ich würde / möchte gern etwas fragen.
Czy mogłabym o coś poprosić?
Dürfte / darf ich um etwas bitten?
Czy mógłby pan otworzyć drzwi?
Könnten Sie die Tür öffnen?
Może poszlibyśmy do parku?
Wollen wir vielleicht in den Park gehen?
Wstydziłbyś się!
Du solltest dich schämen!

§34

b) Der polnische Konjunktiv steht in Konditionalsätzen, die mit Konjunktionen wie **gdyby**, **jeżeliby**, **jeśliby** „wenn", „falls" eingeleitet werden. In Abhängigkeit davon, ob eine reale oder irreale Bedingung angenommen wird, steht der Konjunktiv dabei im Haupt- und Nebensatz oder nur im Nebensatz:

- Handelt es sich um eine unrealistische oder nur hypothetische Bedingung, kann der Konjunktiv sowohl im Haupt- als auch im Nebensatz stehen: **Gdybym miała** *czas*, **poszłabym** *do kina*. Wenn ich Zeit hätte, würde ich ins Kino gehen.
- Wird die Bedingung als wahrscheinlich oder möglich angesehen, steht nur das Prädikat des Nebensatzes im Konjunktiv, z. B. **Gdybyś miała** *czas, to* **przyjdź** *na nasze spotkanie*. Wenn du Zeit haben solltest, dann komm zu unserem Treffen.
Alternativ kann auch der ganze Satz nur im Indikativ stehen, vgl. *Gdy* **będziesz miała** *czas*, **to przyjdź** *na nasze spotkanie*.

§35

§35 Partizipien

1. Arten von Partizipien

Im Polnischen gibt es zwei adjektivische Partizipien *(imiesłowy przymiotnikowe)* und zwei adverbiale Partizipien *(imiesłowy przysłówkowe)*, die von unterschiedlichen Stämmen gebildet werden:

Adjektivische Partizipien werden dekliniert, Adverbialpartizipien dagegen sind analog zu Adverbien nicht deklinierbar.

Art des Partizips	**imperfektive Verben** Infinitivstamm czyta (-ć) Präsensstamm czytaj (-ą)	**perfektive Verben** Infinitivstamm przeczyta (-ć)
1. adjektivisches Partizip Präsens Aktiv	czytaj-**ący, -a, -e**	
2. adjektivisches Partizip Präteritum Passiv	czyta-**ny, -a, -e**	przeczyta-**ny, -a, -e**
3. adverbiales Partizip der Gleichzeitigkeit	czytaj-**ąc**	
4. adverbiales Partizip der Vorzeitigkeit		przeczyta-**wszy**

! Achte bei der Bildung von Partizipien auf den Aspekt der Verben! Nicht alle Partizipien können von jedem Aspekt gebildet werden.

2. Adjektivische Partizipien

a) Bildung

Das *Partizip Präsens Aktiv* wird vom Präsensstamm der 3. Person Plural *imperfektiver* Verben durch Anfügen von -**ąc**-y gebildet. Es wird wie ein Adjektiv in den drei Genera sowie im Plural in der Personal- und Sachform dekliniert:

Infinitiv	**3. Person Pl**	**Partizip Präsens Aktiv**
czytać lesen	czytaj-ą	czytaj-**ący**, -a, e
dyskutować diskutieren	dyskutuj-ą	dyskutuj-**ący**, -a, -e
leżeć liegen	leż-ą	leż-**ący**, -a, -e
mówić sprechen	mówi-ą	mówi-**ący**, -a, -e
brać nehmen	bior-ą	bior-**ący**, -a, -e

Das *Partizip Präteritum Passiv* wird von transitiven, (vorwiegend) perfektiven sowie (seltener) imperfektiven Verben gebildet und ebenfalls wie ein Adjektiv dekliniert. Die Endungen lauten entsprechend dem Infinitivstamm folgendermaßen:

Infinitiv **-ać**, **-eć**	**-an-y**	**(prze)czytać** lesen > **(prze)czytany** gelesen **(u)słyszeć** hören > **(u)słyszany** gehört
Infinitiv auf **-ić,-yć, -ść, -źć,-c**	**-on-y**	**kupić** kaufen > **kupiony** gekauft **liczyć** zählen > **liczony** gezählt **nieść** tragen > **niesiony** getragen **wieźć** befördern > **wieziony** befördert **piec** backen > **pieczony** gebacken
vor allem einsilbige Infinitive auf **-ić, -yć, -uć,** Infinitive auf **-nąć, -ąć**	**-t-y**	**bić** schlagen > **bity** geschlagen **kuć** schmieden > **kuty** geschmiedet **(u)myć** waschen > **(u)myty** gewaschen **wziąć** nehmen > **wzięty** genommen **zacząć** beginnen > **zaczęty** begonnen

Im Nominativ Plural des Personalmaskulinums tritt vor der Endung **-i** wie bei den Adjektiven ein Konsonantenwechsel ein, vgl. *bici, (u)kuci, (u)myci.*

b) Gebrauch

Die beiden adjektivischen Partizipien werden im Satz als Attribut, Prädikatsnomen oder im verkürzten attributivischen Relativsatz verwendet:
Widziałam **czytającego** *ojca.*
Ich sah den lesenden Vater.
Widziałam ojca, **czytającego** *gazetę (= który czytał gazetę).*
Ich sah den Vater, der die Zeitung las.
Jens **został zaproszony** *na film.*
Jens wurde ins Kino eingeladen.
Dyrektor powitał wszystkich **zaproszonych** *gości.*
Der Direktor begrüßte alle geladenen Gäste.
Wszystkich gości, **zaproszonych** *na film (= którzy zostali zaproszeni na film), powitał dyrektor.*
Der Direktor begrüßte alle Gäste, die zum Film eingeladen waren.
wszystkie po wojnie **zbudowane** *domy*
alle nach dem Krieg gebauten Häuser
Ta dzielnica **została zbudowana** *już po wojnie.*
Dieses Stadtviertel wurde bereits nach Kriegsende erbaut.
To jest dzielnica, **zbudowana** *już po wojnie (= która została zbudowana już po wojnie).*
Das ist ein Stadtviertel, das bereits nach Kriegsende erbaut wurde.

---

3. Adverbialpartizipien

a) Bildung und Gebrauch

Die beiden Adverbialpartizipien sind unveränderlich. Wie Adverbien erläutern sie als Adverbialbestimmung das Verb im Satz. Wir unterscheiden das Adverbialpartizip der Gleichzeitigkeit *(imiesłów przysłówkowy współczesny)* und der Vorzeitigkeit *(imiesłów przysłówkowy uprzedni).*

Bildungsweise:

Adverbialpartizip der Gleichzeitigkeit **-ąc**	**Adverbialpartizip der Vorzeitigkeit** **-wszy** **-łszy***
Suffix **-ąc** an den Präsensstamm 3. Person Pl nur von **imperfektiven** Verben	Suffix **-wszy** nach vokalischem Auslaut des Präteritumstamms (3. Person Maskulinum) Suffix **-łszy** nach konsonantischem Auslaut nur von **perfektiven** Verben
z. B.: **czytać** — **czytaj-ąc** **mówić** — **mówi-ąc**	**przeczyta-wszy** — **przyszed-łszy** **powiedziaw-szy** — **przyniós-łszy**

*Aussprachehinweis: Das **-ł-** in den Formen auf **-łszy** wird nicht gesprochen.

Adverbialpartizipien kommen vor allem in *geschriebenen* Texten vor. Insbesondere das Adverbialpartizip der Gleichzeitigkeit wird häufig benutzt, das Adverbialpartizip der Vorzeitigkeit hingegen weniger.

Bedingung für den Gebrauch eines Adverbialpartizips im Satz ist das Vorhandensein eines gemeinsamen Subjekts, auf das sich das Prädikat des Satzes und das Adverbialpartizip beziehen:
Czytając *gazetę, robiłem notatki.*
Während *ich* den Text las, machte *ich* Notizen.
Przeczytawszy *gazetę, ojciec wyszedł z domu.*
Nachdem *er* die Zeitung gelesen hatte, ging *der Vater* aus dem Haus.

Verben

§35

Das *Adverbialpartizip der Gleichzeitigkeit* entspricht etwa dem deutschen adverbial gebrauchten Präsenspartizip auf *-end* (singend, schreiend). Die vom Partizip beschriebene Handlung läuft zur gleichen Zeit ab wie die im Prädikat des Satzes beschriebene Haupthandlung. Das kann Gleichzeitigkeit im *Präsens* sein, aber auch im *Präteritum* oder *Futur:*

Czytając gazetę	**robię**	mache ich	**notatki.**
Die Zeitung lesend	**robiłam**	machte ich	Notizen (machen).
= beim Zeitunglesen	**będę robiła**	werde ich	

Die vom *Adverbialpartizip der Vorzeitigkeit* beschriebene Handlung lief vor der im Prädikat beschriebenen Haupthandlung ab und ist zu deren Beginn bereits abgeschlossen. Daher können diese Partizipien auch nur vom perfektiven Aspekt gebildet werden:
Przeczytawszy *gazetę, odłożył ją.*
Nachdem er die Zeitung gelesen hatte, legte er sie beiseite.
Zjadłszy *kolację, usiadła przed telewizorem.*
Nachdem sie Abendbrot gegessen hatte, setzte sie sich vor das Fernsehgerät.

b) Wiedergabe der Adverbialpartizipien im Deutschen

Konstruktionen mit Adverbialpartizipien sind meist verkürzte adverbiale Nebensätze und können im Deutschen mit einem *konjunktionalen Nebensatz* wiedergegeben werden:
temporal: **Idąc do domu**, *spotkał Piotra.*
Als er nach Hause ging, traf er Piotr.
kausal: *Nie* **znając** *odpowiedzi milczał.*
Weil er die Antwort nicht wusste, schwieg er.
konditional: **Będąc** *w Polsce, kup mi te książki.*
Wenn du in Polen bist, kaufe mir doch diese Bücher.

Oft kann man ein polnisches Adverbialpartizip im Deutschen auch durch eine Konstruktion *Präposition + Substantiv* auflösen:
Idąc do domu, *spotkał Piotra.*
Auf dem Heimweg traf er Piotr.
Skończywszy zadania domowe, *Ewa i Marta wyszły na miasto.*
Nach Erledigung der Hausaufgaben gingen Ewa und Marta in die Stadt.

Auch eine Wiedergabe durch *zwei Hauptsätze* ist möglich:
Uczniowie szli ulicą, **śpiewając** *piosenkę.*
Die Schüler gingen die Straße entlang *und* sangen ein Lied.

Das *verneinte* Adverbialpartizip wird mit *ohne zu + Infinitiv* übersetzt:
Nie czekając *na Ewę, weszła do biblioteki.*
Ohne auf Ewa *zu* warten, ging sie in die Bibliothek hinein.

Einige dieser Adverbialpartizipien sind zu festen Redeformeln geworden:
ogólnie rzecz biorąc allgemein gesehen;
szczerze, prawdę mówiąc / powiedziawszy ehrlich gesagt, um die Wahrheit zu sagen;
reasumując zusammenfassend.

Partizipien

§36 Häufige unpersönliche Konstruktionen

Es gibt im Polnischen mehrere unpersönliche Konstruktionen *(konstrukcje nieosobowe)*, in denen das Subjekt im Nominativ unausgedrückt bleibt. Sie entsprechen den deutschen Konstruktionen mit *man, es* bzw. Passivkonstruktionen, und zwar:

1. Verbform 3. Person Singular + się

Diese Form kann nur von nicht reflexiven perfektiven und imperfektiven Verben gebildet werden. Sie tritt in allen Tempora auf; im Präteritum nimmt sie die neutrale Endung an:

Na spotkaniu uczniów **mówi się / mówiło się** *po polsku i po angielsku.*
Auf dem Schülertreffen wird / wurde Polnisch und Englisch gesprochen.
Mimo upału **spało się** *bardzo dobrze.*
Trotz der Hitze schlief es sich gut.
Jeśli **powie się** *A, (to) trzeba powiedzieć B.*
Wer A sagt, muss auch B sagen.
Po polsku nie **powie się** ...
Auf Polnisch sagt man nicht ...
W zimie **jeździ się** *do Zakopanego, zimowej stolicy Polski.*
Im Winter fährt man nach Zakopane, die Winterhauptstadt Polens.

Ein Agens in diesen Konstruktionen wird mit einem Akkusativobjekt ausgedrückt:

W języku ukraińskim **samogłoskę o wymawia się** *zawsze jak o.*
Der Vokal *o* wird im Ukrainischen immer wie *o* ausgesprochen.

---

2. Verbform 3. Person Plural

Diese Konstruktion wird seltener gebraucht, wir finden sie vor allem in Sprichwörtern:

Jak cię **widzą,** *tak cię* **piszą**.
Kleider machen Leute.
Gdzie drwa **rąbią**, *tam wióry lecą.*
Wo gehobelt wird, fallen Späne.
Mówią, *że w zimie będzie jeszcze gorzej.*
Man sagt, im Winter würde es noch schlimmer werden.

3. -no / -to-Konstruktionen

Sie werden von perfektiven wie imperfektiven Verben gebildet und sind formal identisch mit der neutralen Form des adjektivischen Passivpartizips:

Otwarto *wystawę obrazów historycznych Jana Matejki.*
Es wurde eine Ausstellung mit historischen Gemälden von Jan Matejko eröffnet.
Najczęściej **pisano** *na ten temat w Internecie.*
Am häufigsten wurde über dieses Thema im Internet geschrieben.
Kupiono *nowe komputery dla szkolnej pracowni komputerowej.*
Es wurden neue Computer für den Computerraum der Schule gekauft.

Im Unterschied zu den Passivpartizipien können *-no / -to*-Konstruktionen auch von intransitiven Verben gebildet werden, z. B.
spano man schlief / es wurde geschlafen,
wychodzono man ging hinaus.

Von reflexiven Verben gebildete Formen behalten das *się*, z. B.
Śmiano się. Man lachte. / Es wurde gelacht.
Cieszono się. Man freute sich.
Cieszono się *ze złotych medali.*
Man freute sich über die Goldmedaillen.
W sylwestra **bawiono się** *doskonale.*
Zu Silvester amüsierte man sich ausgezeichnet.

Konstruktionen auf *-no / -to* sind unveränderlich.

Den genannten *-no / -to*-Konstruktionen entspricht im Deutschen häufiger das Passiv als eine *man*-Konstruktion!

Im weiteren Sinne gehören zu den unpersönlichen Konstruktionen auch Kombinationen mit *można, wolno, należy* sowie weitere unpersönliche Verben, unter anderem *słychać* man hört / es ist zu hören, *widać* man sieht / es ist zu sehen.

§37 Passiv

Das Passiv *(strona bierna)* wird im Polnischen bedeutend seltener als im Deutschen verwendet; im Allgemeinen werden Aktivkonstruktionen bevorzugt. Zum Ausdruck passiver Bedeutungen dienen meist andere, unpersönliche Verbformen, wie die mit *-no / -to* gebildeten oder die Konstruktionen mit *się* (siehe § 36).

Das Passiv wird mithilfe der verschiedenen Formen der Verben *być* sein und *zostać* werden sowie mit dem Partizip Präteritum Passiv (siehe § 35.2) des Verbs gebildet.

Sätze im Passiv drücken aus:

- den Verlauf einer Handlung; wir sprechen in diesem Fall vom *Vorgangspassiv* („werden-Passiv"), z. B.
  Nowy dworzec jest / będzie budowany.
  Der neue Bahnhof ist im Bau / wird gerade gebaut / wird gebaut werden.
- das Resultat einer Handlung; hier sprechen wir vom *Zustandspassiv* („sein-Passiv"), z. B.
  Nowy dworzec jest / był / będzie zbudowany.
  Der neue Bahnhof ist (fertig) gebaut / wird gebaut sein.

Du hast gelernt, dass eine gerade ablaufende Handlung durch den *imperfektiven* Aspekt, ein Resultat hingegen durch den *perfektiven* Aspekt ausgedrückt wird. Entsprechend kommen beim Vorgangspassiv das *imperfektive* und *perfektive*, beim Zustandspassiv hingegen nur das *perfektive* Partizip zum Einsatz. Achte daher bei der Bildung von Partizipien immer auf die Wahl des entsprechenden Aspekts!

Das Passiv kann nur von transitiven Verben gebildet werden. Bei der Umwandlung eines aktiven Satzes in eine passive Aussage tritt der Träger der Handlung, das Agens, zugunsten des Patiens, desjenigen, der etwas „erleidet", in den Hintergrund. Es wird im passiven Satz mit *przez* (durch) angeschlossen:

Lekarz zbadał *chłopca*.
Der Arzt hat den Jungen untersucht.
Chłopiec został zbadany *przez lekarza*.
Der Junge ist vom Arzt untersucht worden.

Passivkonstruktionen können auch im Konjunktiv vorkommen.

1. Vorgangspassiv

Das Vorgangspassiv *(strona bierna czynnościowa)* beschreibt einen Prozess oder eine Handlung. Je nachdem, ob der Prozess eher in seinem Verlauf oder im Hinblick auf sein Ergebnis gesehen wird, verwendet man zur Bildung des Vorgangspassivs das imperfektive Partizip mit einer Form von *być* (sein) oder das perfektive Partizip mit einer Form von *zostać* (werden):

Wie die untenstehende Übersicht zeigt, kommen die Konstruktionen mit *być* im Präsens, Präteritum und imperfektiven Futur vor, während die Konstruktionen mit *zostać* nur Formen im Präteritum und perfektiven Futur bilden.

być (*jest, był, będzie*) + Partizip Präteritum Passiv des ***imperfektiven*** Aspekts:
Książka jest / była / będzie czytana.
Das Buch wird / wurde gelesen / wird gelesen werden.

zostać (*został, zostanie*) + Partizip Präteritum Passiv des ***perfektiven*** Aspekts:
Książka została / zostanie przeczytana.
Das Buch wurde (durch)gelesen / wird (durch-) gelesen werden.

2. Zustandspassiv

Das Zustandspassiv *(strona bierna stanowa)* beschreibt einen statischen Zustand, der meist das Resultat eines Prozesses ist. Es kann daher nur mit Partizipien im perfektiven Aspekt verbunden werden. In Sätzen mit Zustandspassiv werden nur Tempusformen von *być* verwendet:
być (*jest, był, będzie*) + Partizip Präteritum Passiv im **perfektiven** Aspekt, z. B.
Książka jest / była / będzie przeczytana.
Das Buch ist / war (durch)gelesen / wird (durch-) gelesen sein.

Hier die Formenübersicht des Passivs in allen drei Tempora:

Vorgangspassiv		**Zustandspassiv**
stadion jest budowany	–	stadion jest zbudowany
stadion był budowany	stadion został zbudowany	stadion był zbudowany
stadion będzie budowany	stadion zostanie zbudowany	stadion będzie zbudowany

---

§38 Verbalsubstantiv

Im Polnischen kann von fast jedem Verb ein Verbalsubstantiv *(rzeczownik odsłowny)* abgeleitet werden. Verbalsubstantive werden vor allem im schriftlichen Verkehr sehr oft gebraucht, viel häufiger als der substantivierte Infinitiv im Deutschen, wie das Sprechen, Lernen, Schreiben usw.

Verbalsubstantive werden folgendermaßen gebildet:

Infinitivstamm imperfektiver oder perfektiver Verben + Suffix -(e)nie / -cie:

Verben auf -ać mit Suffix -nie	**Verben auf -ić / -yć; -eć mit Suffix -(e)nie**	**einsilbige Verben auf -uć, -yć, -ić mit Suffix -cie**
(na)pisać schreiben (na)pisa**nie**	mówić sprechen mówi**enie** marzyć träumen marz**enie**	kuć schmieden ku**cie** pić trinken pi**cie**
(prze)czytać lesen prze)czyta**nie**	myśleć denken myśl**enie**	myć waschen my**cie**

Die *imperfektiven* Verbalsubstantive bezeichnen den Verlauf eines Vorgangs oder eine wiederholte Handlung, die *perfektiven* hingegen ein abgeschlossenes Einzelereignis. Verbalsubstantive werden wie weichstämmige Neutra dekliniert und treten nur im Singular auf:
Podczas odrabiania zadań domowych nie słucha muzyki.
Während der Erledigung der Hausaufgaben hört er keine Musik.
Po odrobieniu zadań domowych pójdzie na boisko.
Nach der Erledigung der Hausaufgaben wird er auf den Fußballplatz gehen.

! Die Verbalsubstantive bewahren auch die Rektion des Grundverbs (*pomagać kolegom* > *pomaganie kolegom*) sowie das Reflexivpronomen *się*:
Nie lubię uczenia się na pamięć wierszyków.
Ich lerne nicht gern Gedichte auswendig.
Do obowiązków ucznia należy: pomaganie kolegom w nauce, tworzenie atmosfery życzliwości, pomaganie słabszym, przeciwdziałanie wszelkim przejawom przemocy i brutalności.
Zu den Pflichten des Schülers gehört: den Mitschülern beim Lernen zu helfen, eine freundschaftliche Atmosphäre zu schaffen, Schwächeren zu helfen, jeglichen Erscheinungen von Gewalt und Brutalität entgegenzuwirken.

F Pronomen

Ihrer Bedeutung nach unterscheiden sich die polnischen Pronomen *(zaimki)* kaum von den deutschen, es gibt:
- Personalpronomen *(zaimki osobowe)* wie *ja*, *ty*, *on*
- Possessivpronomen *(zaimki dzierżawcze)* wie *mój*, *twój*
- Demonstrativpronomen *(zaimki wskazujące)* wie *ten*, *tamten*
- Interrogativ- und Relativpronomen *(zaimki pytajne i względne)* wie *czyj*, *który*, *jaki*, *kto*, *co*
- Indefinit- und Negativpronomen *(zaimki nieokreślone)* wie *ktoś*, *coś*, *ktokolwiek*, *nikt*
- Numeralpronomen *(zaimki liczebne)* wie *ile*, *tyle*

In Bezug auf ihr syntaktisches Verhalten lassen sich substantivische, z. B. *kto*, *co*, *nikt*, *nic*, und adjektivische, z. B. *który*, *czyj*, *taki*, Pronomen unterscheiden.

§39

§39 Personalpronomen

Übersicht

Sg		Pl	
1. Person	ja ich	**1. Person**	my wir
2. Person	ty du	**2. Person**	wy ihr
3. Person	on er, ona sie, ono es	**3. Person**	oni sie Personalform one sie Sachform

1. Deklination

Die Pronomen der *1.* und *2. Person* unterscheiden kein Genus. Das Pronomen der *3. Person Singular* hat eine maskuline, feminine und neutrale Form, das Pronomen der *3. Person Plural* eine Personal- und eine Sachform. Einige Pronomen haben eine Lang- und eine Kurzform:

Nom	ja	ty	on	ona	ono	my	wy	oni	one
Gen	mnie	ciebie	jego / go, niego	jej,niej	jego / go, niego	nas	was	ich, nich	ich, nich
Dat	mnie / mi	tobie / ci	jemu / mu, niemu	jej, niej	jemu / mu, niemu	nam	wam	im, nim	im, nim
Akk	mnie	ciebie / cię	jego / go, niego	ją, nią	je, nie	nas	was	ich, nich	je, nie
Instr	mną	tobą	nim	nią	nim	nami	wami	nimi	nimi
Lok	(o) mnie	tobie	nim	niej	nim	nas	was	nich	nich
Vok	ja!	ty!	–	–	–	my!	wy!	–	–

2. Gebrauch

Im Unterschied zum Deutschen werden die Personalpronomen der 1. und 2. Person Singular und Plural in der Funktion des Subjekts gewöhnlich ausgelassen. Sie werden nur dann verwendet, wenn die Person besonders betont werden soll oder wenn es um die Hervorhebung eines Gegensatzes geht:

Ja *tego nie powiedziałem.*
Ich habe das nicht gesagt.
Oni *wyszli zaraz z sali, a* **my** *zostaliśmy.*
Sie verließen gleich den Saal, *wir* aber blieben.

Personalpronomen

Die Personalpronomen der 1. bis 3. Person Singular haben im Genitiv, Dativ und Akkusativ eine Langform und eine Kurzform, für die folgende Gebrauchsregeln gelten:

Langform
- am Satzanfang oder am Satzende
- nach Präpositionen
- wenn die Person betont werden soll
- bei Verneinung

Ciebie *kocham (a nie* **jego***).*
Dich liebe ich (und nicht *ihn*).
Napisz **do mnie**.
Schreib an *mich*.
Zawdzięczam to **tobie**.
Das verdanke ich *Dir*.
Jego *widziałem jeszcze, inni już poszli.*
Ihn habe ich noch gesehen, die anderen waren schon weg.

Kurzform
- *nie* am Satzanfang!
- *nie* nach Präpositionen!
- in unbetonter Stellung nach dem Verb

Kocham **cię** *bardzo.*
Ich liebe *dich* sehr.
Napisz **mi** *list.*
Schreib *mir* einen Brief.
Pozdrawiam **cię** *serdecznie!*
Ich grüße *dich* herzlich.
Pozdrów **go** *ode mnie!*
Grüße *ihn* von mir!

Die Personalpronomen der *3. Person Singular* *on, ona, ono* und *Plural* *oni, one* haben nach Präpositionen einen **n**-Vorsatz, vgl. *do* **n***iego*, **n***iej* zu ihm, zu ihr, *o* **n***im* über ihn.
Spotkamy się jutro z nimi.
Wir treffen uns morgen mit ihnen.

! Auch unbelebte Maskulina haben im Akkusativ Singular die (belebten) Formen *jego / go, niego*: *Gdzie jest mój ołówek? Widziałam go na biurku.* Wo ist mein Bleistift? Ich habe ihn auf dem Schreibtisch gesehen.

---

§40 Possessivpronomen

Die Possessivpronomen *(zaimki dzierżawcze)* der *1.* und *2. Person Singular und Plural* *mój* mein, *twój* dein, *nasz* unser, *wasz* euer, haben maskuline, feminine und neutrale Genusformen und werden wie Adjektive dekliniert. In einigen Kasus gibt es neben der Langform auch eine Kurzform.

Die Possessivpronomen der *3. Person Singular und Plural* *jego* (sein), *jej* (ihr) im Singular, *ich* (ihr) im Plural sind unveränderlich und haben keine Genusmerkmale:

1. Person Sg / Pl	mój, moja, moje, / moi, moje	**1. Person Sg / Pl**	nasz, nasza, nasze, / nasi, nasze
2. Person Sg / Pl	twój, twoja, twoje, / twoi, twoje	**2. Person Sg / Pl**	wasz, wasza, wasze, / wasi, wasze
3. Person	jego, jej, jego	**3. Person**	ich

Pronomen

§40

Das Possessivpronomen der *1. Person Singular* *mój*, *moja*, *moje* mein, meine, mein

Nach dem Muster *mój*, *moja*, *moje* wird auch *twój*, *twoja*, *twoje* dein, deine, dein dekliniert. Die Kurzform ist nur noch selten und nur im Genitiv / Akkusativ Maskulinum (*mego*) gebräuchlich.

	Sg			Pl	
	Mask	**Neutr**	**Fem**	**Personalform**	**Sachform**
Nom	mój	moje	moja	moi	moje
Gen	mojego / mego		mojej	moich	
Dat	mojemu		mojej	moim	
Akk	mój / mojego / mego	moje	moją	moich	moje
Instr	moim		moją	moimi	
Lok	moim		mojej	moich	
Vok	mój!	moje!	moja!	moi!	moje!

Das Possessivpronomen der *1. Person Plural* lautet *nasz*, *nasza*, *nasze* unser, unsere, unser.

Wie *nasz* werden auch *wasz*, *wasza*, *wasze*, *wasi*, *wasze* euer, eure, euer dekliniert.

	Mask	**Neutr**	**Fem**	**Personalform**	**Sachform**
Nom	nasz	nasze	nasza	nasi	nasze
Gen	naszego		naszej	naszych	
Dat	naszemu		naszej	naszym	
Akk	nasz / naszego	nasze	naszą	naszych	nasze
Instr	naszym		naszą	naszymi	
Lok	naszym		naszej	naszych	
Vok	nasz!	nasze!	nasza!	nasi!	nasze!

---

§41

§41 Das reflexive Possessivpronomen swój, swoja, swoje

Im Polnischen gibt es neben den Possessivpronomen *mój, twój* usw. die reflexiven Possessivpronomen *(zaimki zwrotno-dzierżawcze)* *swój*, *swoja*, *swoje*, *swoi / swoje*. Es wird wie *mój*, *twój* usw. dekliniert und verfügt ebenso über Kurzformen:

	Mask	**Neutr**	**Fem**	**Personalform**	**Sachform**
Nom	swój	swoje	swoja	swoi	swoje
Gen	swojego / swego		swojej / swej	swoich / swych	
Dat	swojemu / swemu		swojej / swej	swoim / swym	
Akk	swój / swojego / swego	swoje	swoją / swą	swoich / swych	swoje / swe
Instr	swoim / swym		swoją / swą	swoimi / swymi	
Lok	swoim / swym		swojej / swej	swoich / swych	

Es wird anstelle von *mój*, *twój* usw. verwendet, wenn das Possessivpronomen sich auf den im Subjekt benannten „Besitzer" bezieht, wenn also die vom Possessivpronomen benannte Person oder Sache und das Subjekt des Satzes identisch sind:
Nauczyciel *wita* **swoich** *uczniów*.
Der Lehrer begrüßt seine Schüler.
Swój kann alle grammatischen Personen ersetzen und hat dann jeweils die Bedeutung der Possessivpronomen *mein, dein, sein, unser, euer, ihr*:

Kocham swojego / swego psa.
Ich liebe *meinen* Hund.

On kocha swego psa.
Er liebt *seinen* Hund.

Kochamy swego psa.
Wir lieben *unseren* Hund.

Kochacie swego psa.
Ihr liebt *euren* Hund.

Oni kochają swego psa.
Sie lieben *ihren* Hund.

In der *1.* und *2. Person Singular* und *Plural ist* *swój* nicht obligatorisch, in der Alltagssprache ist hier auch oft *mój*, *twój* usw. möglich, insbesondere, wenn der Besitz betont werden soll:
Zapytam swoją / moją koleżankę.
Ich werde meine Freundin fragen.
Spotkałeś swojego (swego) / twojego ojca?
Hast du deinen Vater getroffen?

Im Satzsubjekt im Nominativ darf nicht *swój* stehen, es kann also nur heißen:
Mój *ojciec jest inżynierem.*
Mein Vater ist Ingenieur.

In der *3. Person Singular* und *Plural muss* dagegen *swój* stehen:
Uczniowie rozmawiają ze swoim nauczycielem.
Die Schüler reden mit ihrem Lehrer.

Es gibt eine Eselsbrücke, um sich zu vergewissern, ob Pronomen und Subjekt auf die gleiche Person oder Sache verweisen: Immer wenn sich das Adjektiv ***eigen*** zum Pronomen hinzudenken lässt, kann bzw. muss *swój* verwendet werden:
Mój kolega pożyczył mi **swoją** *książkę.*
Ein ***Mitschüler*** lieh mir ***sein*** (eigenes) Buch.
Aber: *Kolega pożyczył mi* **jego** *książkę.*
Ein Mitschüler lieh mir sein Buch (das Buch eines anderen, dritten).
Jola przyszła ze **swoją** *siostrą.*
Jola kam mit *ihrer* (eigenen) Schwester.
Jola przyszła z **jej** *siostrą.*
Jola kam mit ihrer Schwester (der Schwester einer anderen Person).

---

§42 Das Reflexivpronomen siebie / się

Das Reflexivpronomen *(zaimek zwrotny)* hat keinen Nominativ. Die Formen lauten:

Nom	Gen	Dat	Akk	Instr	Lok
–	siebie / się	sobie	siebie / się	sobą	sobie

Das Reflexivpronomen *siebie* drückt aus, dass sich die vom Verb bezeichnete Tätigkeit auf das Subjekt bezieht, es steht im Gegensatz zum Deutschen für *alle* grammatischen Personen, vgl. den Dativ *sobie*:

Kupię sobie		Ich kaufe **mir**	
Kupisz sobie		Du kaufst **dir**	
Kupi sobie	nowy komputer.	Er kauft **sich**	einen neuen Computer.
Kupimy sobie		Wir kaufen **uns**	
Kupicie sobie		Ihr kauft **euch**	
Kupią sobie		Sie kaufen **sich**	

Mit der Kurzform *się* (sich) werden auch die reflexiven Verben gebildet, z. B. *cieszyć się* (sich freuen). Auch hier steht das *się* für alle grammatischen Personen, vgl. *cieszę* **się** ich freue ***mich***, *cieszysz* **się** du freust ***dich***, *cieszy* **się** er freut ***sich*** usw.

Es gibt eine Reihe polnischer reflexiver Verben, die im Deutschen nicht reflexiv sind, z. B. *uczyć się* lernen, *śmiać się* lachen, *zaczynać się* beginnen, *kończyć się* enden, *zjawić się* erscheinen, *podobać się* gefallen; seltener ist es umgekehrt: *rozmawiać* sich unterhalten.

Das Reflexivpronomen *się* darf, wie die Kurzformen der Personalpronomen, weder am Satzanfang noch am Satzende stehen. (Ausnahme: als reines Prädikat, vgl. *Napijecie się?* Trinkt ihr etwas?) Es wird am besten **vor** das Verb gesetzt, zu dem es gehört, selbst dann, wenn noch ein anderes Wort dazwischensteht:
Chcemy **się** *z wami* **spotkać.**
Wir möchten uns mit euch treffen.
Jak można **się** *tak* **kłócić***!*
Wie kann man sich so streiten!

Sind im Satz zwei reflexive Verben vorhanden, so kann man aus stilistischen Gründen das zweite **się** auslassen:
Rozebrałem się i położyłem (się) spać.
Ich zog mich aus und legte mich schlafen.
Rano umyłem się, uczesałem (się) i ubrałem (się).
Am Morgen wusch ich mich, kämmte ich mich und zog mich an.

Pronomen

§43 Demonstrativpronomen

Die Demonstrativpronomen *(zaimki wskazujące)* *ten, ta, to* dieser, diese, dieses und *tamten, tamta, tamto* jener, jene, jenes, *taki, taka, takie* solch, solche, solches werden adjektivisch dekliniert:

	(m)	(n)	(f)	Personalform	Sachform
Nom	ten	to	ta	ci	te
Gen	tego		tej	tych	
Dat	temu		tej	tym	
Akk	tego	to	tę*	tych	te
Instr	tym		tą	tymi	
Lok	tym		tej	tych	

*Die Form **tę** ist die korrekte standardsprachliche Form; in der Alltagssprache kann aber auch **tą** gebraucht werden.

Analog zu *ten, ta, to* werden auch *tamten* sowie *taki* (weichstämmig: *takiego*) dekliniert.

---

§44 Interrogativ- und Relativpronomen

Ebenfalls adjektivisch werden die Interrogativpronomen *(zaimki pytajne i względne) który, która, które*; (Personalform) *którzy*, (Sachform) *które* welche?; *jaki, jaka, jakie*; *jacy, jakie* was für ein?; *czyj, czyja, czyje*; *czyi, czyje* wessen? dekliniert:

	Nom	Gen	Dat	Akk	Instr	Lok
Sg	czyj	czyjego	czyjemu	czyj(ego)	czyim	czyim
Pl	czyje / czyi	czyich	czyim	czyje / czyich	czyimi	czyich

Mit **który**? wird oft nach einem Gegenstand aus einer Anzahl heraus gefragt:
Którą płytę kupujesz?
Tę z najnowszym nagraniem.
Welche Platte kaufst du?
Die mit der neuesten Aufnahme.
Mit **jaki**? wird eher nach der Beschaffenheit, Eigenschaft gefragt:
Jaki masz kolor oczu? Zielony.
Was für eine Augenfarbe hast du? Grün.

Mit *czyj?* wessen? wird nach dem Besitzer gefragt:
Czyj to jest płaszcz?
Wessen Mantel ist das?
Czyje to są książki?
Wessen Bücher sind das?

! *Czyj* verfügt im Unterschied zur unveränderlichen deutschen Entsprechung *wessen* (Genitiv von wer) über Genus- und Kasusformen, also: wessen Rucksack *czyj plecak*, in wessen Rucksack *w czyim plecaku*, mit wessen Schwester *z czyją siostrą*, wessen Freunde *czyi przyjaciele*? *Czyj* darf nicht durch *kogo* (nach dem Muster des deutschen Genitivs *wessen* von wer) ersetzt werden!

Substantivisch dekliniert werden *kto* wer? und *co* was?:

Nom	Gen	Dat	Akk	Instr	Lok
kto	kogo	komu	kogo	kim	kim
co	czego	czemu	co	czym	czym

Die Interrogativpronomen *który, jaki, czyj, kto, co* sind zugleich Relativpronomen, die in zusammengesetzten Sätzen (Relativsätzen, indirekten Fragesätzen) verwendet werden, z. B.
To jest uczeń, **który** *wygrał konkurs języka polskiego.*
Das ist der Schüler, der den Polnisch-Wettbewerb gewann.

Zu den Interrogativ- und Relativpronomen gehören auch die *Numeralpronomen (zaimki liczebne) ile / ilu* wie viel und *tyle / tylu* so viel:

	Nom	Gen	Dat	Akk	Instr	Lok
Sachform / Personalform	ile / ilu	ilu	ilu	ile / ilu	ilu / iloma	ilu

§45 Indefinit- und Negativpronomen

Durch Anfügen der Partikeln -**ś** und -**kolwiek** an die Interrogativ- bzw. Relativpronomen *kto*, *co*, *który*, *jaki*, *czyj* entstehen Indefinitpronomen *(zaimki nieokreślone)*, z. B.:

ktoś (irgend)jemand
coś (irgend)etwas
któryś irgendwelche
ileś soundso viel

ktokolwiek wer (auch) immer
cokolwiek was (auch) immer
którykolwiek was für ein (auch) immer
ilekolwiek egal wie viel

Sie werden wie die Interrogativpronomen dekliniert, wobei die Partikeln -**ś** und -**kolwiek** unverändert bleiben:

Nom	Gen	Dat	Akk	Instr, Lok
ktoś	kogoś	komuś	kogoś	kimś
cokolwiek	czegokolwiek	czemukolwiek	cokolwiek	czymkolwiek
ktokolwiek	kogokolwiek	komukolwiek	kogokolwiek	kimkolwiek

Indefinite Pronomen mit -**ś** weisen auf eine unbekannte Person oder Sache hin, die im Satz genannt wird, z. B.
Ktoś puka.
Jemand klopft an.
Czyjś ołówek leży na podłodze.
Jemandes Bleistift liegt auf dem Boden.

Indefinite Pronomen mit -**kolwiek** drücken aus, dass es unwesentlich oder beliebig ist, welche Person oder Sache ausgewählt wird, z. B.
Zostaw klucze komukolwiek w bibliotece.
Hinterlasse die Schlüssel bei irgendjemandem in der Bibliothek.
Nie macie czegokolwiek do picia?
Habt ihr nicht irgendetwas zu trinken?

Mit Hilfe des Präfixes **ni**- werden **Negativpronomen** *(zaimki przeczące)* gebildet: *nikt* niemand, *nic* nichts, *niczyj* niemandes, *nijaki* keinerlei.
Sie werden dekliniert wie *kto*, *co*, *czy*, vgl. *nikogo*, *niczego*, *niczyjego*.
Anstelle von *niczego* wird in der Alltagssprache auch *nic* verwendet, vgl.
Nie mam nic przeciwko temu.
Ich habe nichts dagegen.
Nic nie mam.
Ich habe nichts.

Ein weiteres Negativpronomen ist *żaden, żadna, żadne* kein (einziger), überhaupt keiner, das ebenfalls adjektivisch dekliniert wird, z. B. im Genitiv Maskulinum *żadnego*, Femininum *żadnej*, Neutrum *żadnego*.

Bei Negativpronomen sowie auch Negativadverbien wie *nigdy* niemals, *nigdzie* nirgends tritt im Satz die so genannte *doppelte Verneinung* ein, d. h. neben der Verneinung durch das entsprechende Negativpronomen wird im polnischen Satz, anders als im Deutschen, zusätzlich das Verb verneint:
Ojciec mi **nic nie** *powiedział o swoich planach.*
Der Vater hat mir *nichts* über seine Pläne gesagt.
Nikogo *tu* **nie** *widziałam.*
Ich habe *niemanden* hier gesehen.
Nie *mam* **żadnych** *planów na weekend.*
Ich habe *keinerlei* Pläne für das Wochenende.

Die Verneinung kann sogar dreifach sein:
Nikt nic nie *powiedział.*
Niemand hat etwas gesagt.

G Zahlwörter

In der Art, Bildung und im Gebrauch von Zahlwörtern *(liczebniki)* gibt es einige Unterschiede zum Deutschen, die man beachten muss, hier die wichtigsten:

- Im Polnischen gibt es eine Gruppe von Zahlwörtern, die das Deutsche nicht kennt, die so genannten Kollektivzahlwörter.
- Polnische Zahlwörter haben wie die übrigen flektierbaren Wortarten eine Personal- und eine Sachform. Daher musst du beim Gebrauch der Zahlwörter immer darauf achten, ob diese sich auf Personalmaskulina oder Nichtpersonalmaskulina beziehen und entsprechend die Personalform oder Sachform wählen.
- Im Deutschen sind Grundzahlen – bis auf die Zahl 1 und wenige andere – in allen Stellungen unveränderlich. Polnische Zahlwörter werden dagegen immer dekliniert.
- Polnische Zahlwörter haben eine Rektion, d. h. sie verlangen im Nominativ und Akkusativ in Abhängigkeit von der jeweiligen Zahl einen bestimmten Kasus des gezählten Substantivs.
- Im Satz richtet sich das Verb nach dem Zahlwort.

---

§46

§46 Kardinalzahlwörter

1. Bildung

Die polnischen Kardinalzahlwörter *(liczebniki główne)* haben wie andere deklinierbare Wortarten in Abhängigkeit von der Bedeutung des nachfolgenden gezählten Substantivs jeweils eine Sach- und eine Personalform. Diese werden nachfolgend getrennt behandelt.

a) Sachform

1	jeden, jedna, jedno	11	jedenaście
2	dwa, dwie	12	dwanaście
3	trzy	13	trzynaście
4	cztery	14	czternaście
5	pięć	15	piętnaście
6	sześć	16	szesnaście
7	siedem	17	siedemnaście
8	osiem	18	osiemnaście
9	dziewięć	19	dziewiętnaście
10	dziesięć	20	dwadzieścia

! Für die Zahl 1 wird in der Aufzählung 1, 2, 3 … vor allem *raz* (einmal) verwendet: *raz*, *dwa*, *trzy …*

Nur die Zahlen **1** und **2** haben Genusformen. Die Zahl **1** unterscheidet alle drei Genera: *jeden*, *jedna*, *jedno* (vgl. das Pronomen *ten*, *ta*, *to*). Die Zahl **2** hat nur zwei Genusformen: *dwa* (Maskulinum, Neutrum) und *dwie* (Femininum).

Die Kardinalzahlen von **11** bis **19** setzen sich aus der Einerzahl und dem Bestandteil *-naście* (wörtl. auf zehn), zusammen: *jedenaście*, *dwanaście*, *trzynaście* usw.

Die Kardinalzahlen von **21** bis **29**, **31** bis **39** usw. bis **99** setzen sich zusammen aus den entsprechenden Zehnern und Einern.

Anders als im Deutschen folgen im Polnischen die Einer auf die Zehner und sie werden – ebenfalls anders als im Deutschen – getrennt geschrieben, vgl. 25 = 5 + 20 (fünfundzwanzig) im Deutschen und 25 = 20 + 5 (dwadzieścia pięć) im Polnischen, vgl. aber auch engl. twenty five.

21	dwadzieścia jeden	28	dwadzieścia osiem
22	dwadzieścia dwa	29	dwadzieścia dziewięć
23	dwadzieścia trzy	31	trzydzieści jeden
24	dwadzieścia cztery	32	trzydzieści dwa
25	dwadzieścia pięć	33	trzydzieści trzy
26	dwadzieścia sześć	34	trzydzieści cztery
27	dwadzieścia siedem	35	trzydzieści pięć usw.

Die vollen Zehner werden mit der Einerzahl und einem von der Zahl 10 *dziesięć* abgeleiteten Bestandteil gebildet: 20 *dwa***dzieścia**, 30 und 40 *trzy***dzieści**, *czter***dzieści**, ab 50 mit -*dziesiąt*, das dem deutschen -zig entspricht: *pięć***dziesiąt**, *sześć***dziesiąt** usw., vgl.:

10	dziesięć	200	dwieście
20	dwadzieścia	300	trzysta
30	trzydzieści	400	czterysta
40	czterdzieści	500	pięćset
50	pięćdziesiąt	600	sześćset
60	sześćdziesiąt	700	siedemset
70	siedemdziesiąt	800	osiemset
80	osiemdziesiąt	900	dziewięćset
90	dziewięćdziesiąt	1000	**tysiąc**
100	**sto**	2000	dwa tysiące usw.

Die Kardinalzahlen zwischen **101** und **199**, **201** und **299** usw. werden in der Reihenfolge Hunderter + Zehner + Einer zusammengesetzt:

101	sto jeden
112	sto dwanaście
122	sto dwadzieścia dwa
999	dziewięćset dziewięćdziesiąt dziewięć

b) Personalform

Kardinalzahlen haben mit Ausnahme der substantivischen Zahlen *tysiąc*, *milion*, *miliard* usw. auch eine Personalform für Personalmaskulina.

Die adjektivische Zahl **1** *jeden* hat die Pluralformen *jedni* (Personalform) und *jedne* (Sachform), die bei Pluraliatantum verwendet werden, z. B. *jedne nożyce, spodnie* eine Schere, Hose oder die etwas nicht Unbestimmtes ausdrücken, meist in der Formel *jedni (jedne) ... drudzy (drugie) ...* die einen ..., die anderen ..., z. B.
Jedni wyszli z sali, a drudzy jeszcze zostali.
Die einen verließen den Saal, die anderen blieben noch.

Die Zahlen **2** bis **4** haben, abweichend von den übrigen Zahlen, sogar zwei gleichberechtigte Personalformen, die sich jedoch syntaktisch unterschiedlich verhalten (siehe 4.) *dwaj*, *trzej*, *czterej* (+ Nominativ Plural) sowie *dwóch*, *trzech*, *czterech* (+ Genitiv Plural).

Zahlen ab **5** aufwärts bilden mit Ausnahme der zusammengesetzten Zahlen, die auf 1 bis 4 enden, die Personalform auf **-u**, sie ist identisch mit dem Genitiv der Sachform:

5	pięciu	17	siedemnastu
6	sześciu	18	osiemnastu
7	siedmiu	19	dziewiętnastu
8	ośmiu	20	dwudziestu
9	dziewięciu	21	dwudziestu jeden
10	dziesięciu	30	trzydziestu
11	jedenastu	40	czterdziestu
12	dwunastu	51	pięćdziesięciu jeden
13	trzynastu	88	osiemdziesięciu ośmiu
14	czternastu	102	stu dwóch
15	piętnastu	300	trzechset
16	szesnastu	800	ośmiuset

---

2. Deklination

a) Sachform

Einer

Die Zahl **1** *jeden, jedna, jedno* wird wie ein Adjektiv dekliniert und stimmt mit dem gezählten Substantiv in Genus, Kasus und Numerus überein.

Die Zahl **2** hat im Nominativ und Akkusativ eine eigene Genusform für nicht personale Maskulina und Neutra *dwa* sowie für Feminina die Form *dwie*:

	Maskulinum	Femininum	Neutrum
Nom	dwa	dwie	dwa
Gen	dwóch / dwu	dwóch / dwu	dwóch / dwu
Dat	dwom / dwu	dwom / dwu	dwom / dwu
Akk	dwa	dwie	dwa
Instr	dwoma / dwu	dwiema / dwoma / dwu	dwoma / dwu
Lok	dwóch / dwu	dwóch / dwu	dwóch / dwu

Bei den Doppelformen mit *dwu* ist *dwu* die seltener gebrauchte Form.

G

Zahlwörter

§46

Wie *dwa, dwie* wird auch *oba* (Maskulinum, Neutrum) / *obie* (Femininum) oder *obydwa* (Maskulinum, Neutrum) / *obydwie* (Femininum) beide dekliniert:

im Gen, Dat, Lok *obu* bzw. *obydwu*
im Instr *oboma / obu* bzw. *obydwoma / obydwu*

Die Kardinalzahlen **3** *trzy* und **4** *cztery* haben keine Genusdifferenzierung:

Nom	trzy, cztery
Gen	trzech, czterech
Dat	trzem, czterem
Akk	trzy, cztery
Instr	trzema, czterema
Lok	trzech, czterech

Die Kardinalzahlen von **5** bis **10** haben in fast allen abhängigen Kasus die Endung -**u**, im Instr die Doppelform auf -**oma**:

	5	6	7	8	9	10
Nom	pięć	sześć	siedem	osiem	dziewięć	dziesięć
Gen	pięciu	sześciu	siedmiu	ośmiu	dziewięciu	dziesięciu
Dat	pięciu	sześciu	siedmiu	ośmiu	dziewięciu	dziesięciu
Akk	pięć	sześć	siedem	osiem	dziewięć	dziesięć
Instr	pięciu / pięcioma	sześciu / sześcioma	siedmiu / siedmioma	ośmiu / ośmioma	dziewięciu / dziewięcioma	dziesięciu / dziesięcioma
Lok	pięciu	sześciu	siedmiu	ośmiu	dziewięciu	dziesięciu

Zehner

Kardinalzahlen zur Bezeichnung der runden Zehner werden wie Zahlen ab **5** dekliniert; die Endung -**ścia** bei 20 bis 40 wird zu -**stu** und bei 50 bis 90 wird -**ąt** zu -**ęciu**:

	20	30	40	50 ...
Nom, Akk	dwadzieścia	trzydzieści	czterdzieści	pięćdziesiąt
Gen, Dat, Lok	dwudziestu	trzydziestu	czterdziestu	pięćdziesięciu
Instr	dwudziestu, dwudziestoma	trzydziestu, trzydziestoma	czterdziestu, czterdziestoma	pięćdziesięciu, pięćdziesięcioma

In der Deklination der meisten Kardinalzahlen ist die häufigste Endung bei den abhängigen Kasus die Endung -**u**. Lediglich im Instrumental gibt es Doppelformen auf -**oma**.

Hunderter und Tausender

Die Hunderterzahlen sind Zusammensetzungen aus der entsprechenden Einerzahl und einer Form von sto: -**ście**, -**sta** und ab 500 -**set**:

	100	200	300	400	500 ...	900
Nom, Akk	sto	dwieście	trzysta	czterysta	pięćset	dziewięćset
Gen, Dat, Lok	stu	dwustu	trzystu	czterystu	pięciuset	dziewięciuset
Instr	stu, stoma	dwustu, dwustoma	trzystu, trzystoma	czterystu, czterystoma	pięciuset	dziewięciuset

Die Kardinalzahlen *tysiąc* Tausend, *milion* Million, *miliard* Milliarde usw. sind Substantive und werden wie Nichtpersonalmaskulina dekliniert.

Ebenso ist *zero* Null ein Substantiv, das wie ein Neutrum dekliniert wird.

	Sg	Pl
Nom	tysiąc	tysiące
Gen	tysiąca	tysięcy
Dat	tysiącowi	tysiącom
Akk	tysiąc	tysiące
Instr	tysiącem	tysiącami
Lok	tysiącu	tysiącach

In den *zusammengesetzten* Kardinalzahlen der Zehner-, Hunderter- und Tausenderreihe werden alle Teilzahlen dekliniert:
33 *trzydzieści trzy*, Genitiv *trzydziestu trzech*, Dativ *trzydziestu trzem* usw.,
564 *pięćset sześćdziesiąt cztery*, Genitiv *pięciuset sześćdziesięciu czterech usw.*

Eine Ausnahme bilden die substantivischen Zahlen *tysiąc, milion*, die nur Singular und Plural unterscheiden: So lautet der Genitiv von 1 425 in der Sachform *tysiąc czterystu dwudziestu pięciu.*

Ebenfalls unveränderlich ist die Zahl **1** in Zusammensetzungen, z. B. der Genitiv von 321 *trzystu dwudziestu jeden*.

b) Personalform

Die Personalform der Kardinalzahlen unterscheidet sich in der Deklination von der Sachform nur durch den Nominativ bzw. Akkusativ, der gleich dem Genitiv lautet.

Eine Besonderheit haben die Zahlwörter **2** bis **4** mit je zwei Personalformen *dwaj / dwóch, trzej / trzech, czterej / czterech,* die sich in der Art des syntaktischen Anschlusses unterscheiden (siehe 4.):

	Sachform	**Personalform**	Sachform	**Personalform**	Sachform	**Personalform**
Nom	**dwa**	**dwaj, dwóch**	**trzy**	**trzej, trzech**	**cztery**	**czterej, czterech**
Gen	dwóch, dwu	dwóch, dwu	trzech	trzech	czterech	czterech
Dat	dwom, dwu	dwom, dwu	trzem	trzem	czterem	czterem
Akk	**dwa**	**dwóch, dwu**	**trzy**	**trzech**	**cztery**	**czterech**
Instr	dwoma, dwu	dwoma, dwu	trzema	trzema	czterema	czterema
Lok	dwóch, dwu	dwóch, dwu	trzech	trzech	czterech	czterech

! Die Formen *dwaj*, *trzej*, *czterej* können nicht in zusammengesetzten Zahlen verwendet werden.

Ab **5** lauten die Deklinationsendungen der Personalform völlig gleichförmig auf -**u**, nur im Instrumental gibt es die gleichberechtigte Doppelform auf -**oma**. Auch die Zahl *sto* **100** hat in der Personalform ein -**u**, die übrigen substantivischen Zahlen *tysiąc* (1000), *milion* (Million) usw. verfügen über keine Personalform.

	5	**10**	**15**	**50**
Nom	pięciu	dziesięciu	piętnastu	pięćdziesięciu
Gen	pięciu	dziesięciu	piętnastu	pięćdziesięciu
Dat	pięciu	dziesięciu	piętnastu	pięćdziesięciu
Akk	pięciu	dziesięciu	piętnastu	pięćdziesięciu
Instr	pięciu, pięcioma	dziesięciu, dziesięcioma	piętnastu, piętnastoma	pięćdziesięciu, pięćdziesięcioma
Lok	pięciu	dziesięciu	piętnastu	pięćdziesięciu

! Bei den zusammengesetzten Zahlen müssen bis 1 000 alle Zahlen in die Personalform gesetzt werden, ab 1000 nur die Zahlen nach 1000, vgl.:

66 *sześćdziesięciu sześciu*
172 *stu siedemdziesięciu dwóch*
1 254 *tysiąc dwustu pięćdziesięciu czterech*
145 457 *sto czterdzieści pięć tysięcy czterystu pięćdziesięciu siedmiu (mieszkańców)*

Zahlwörter

3. Rektion

Die polnischen Zahlwörter weisen einige syntaktische Eigenschaften auf, über die das Deutsche nicht verfügt. So steht im Deutschen das gezählte Substantiv nur nach der Zahl **1** im Singular, nach allen anderen Zahlen steht das Substantiv im Plural, vgl. *1 Haus, 2 Häuser, 20 Häuser, 1 000 Häuser* usw.

Die polnischen Zahlwörter regieren je nach Zahl entweder den Nominativ Plural oder den Genitiv Plural des gezählten Substantivs: *jeden* **dom**, *dwa* **domy**, *20* **domów**, *tysiąc* **domów**. Dabei gibt es wiederum Unterschiede zwischen Personal- und Sachform.

a) Sachform

Die Zahl **1** verhält sich wie ein Adjektiv und stimmt mit dem Substantiv im Genus, Kasus und Numerus überein: *jeden dom* ein Haus, *jedna książka* ein Buch, *jedno okno* ein Fenster.

Die Zahlen von **2** bis **4** sowie mit diesen Einern zusammengesetzte Zahlen wie **22** bis **24**, **32** bis **34**, **102** bis **104** usw. verlangen von einem folgenden nicht personalmaskulinen Substantiv den Nom Plural: *dwa domy, okna, dwie książki* zwei Häuser, Fenster, Bücher; *trzy, cztery książki* drei, vier Bücher.

Die Zahlen von **5** bis **21** sowie alle entsprechenden folgenden zusammengesetzten Zahlen von **25** bis **31**, **35** bis **41**, **45** bis **51** usw. regieren den Genitiv Plural des gezählten Substantivs:

5	*pięć*	*domów, książek, okien*
8	*osiem*	
15	*piętnaście*	
21	*dwadzieścia jeden*	

Die Regel lautet also:

1	2–4, 22–24, 32–34, 102–104 usw.	5–21, 25–31, 85–91, 105–121 usw.
↓	↓	↓
Nom Sg	Nom Pl	Gen Pl

Zahl	Kasus	Beispiele
1	**Nom Sg**	jeden / jedna / jedno dom, książka, okno
2–4	**Nom Pl**	dwa / dwie / dwa domy, książki, okna
5–21	**Gen Pl**	pięć, szesnaście domów, książek, okien
22–24	**Nom Pl**	dwadzieścia dwa / dwie, trzy domy, książki, okna
25–31	**Gen Pl**	dwadzieścia pięć domów, książek, okien
32–34	**Nom Pl**	trzydzieści trzy domy, książki, okna
35–41	**Gen Pl**	trzydzieści dziewięć domów, książek, okien

! Diese Regel gilt auch für die adjektivischen und pronominalen Attribute beim gezählten Substantiv, z. B.
tych dwadzieścia pięć nowych domów
diese 25 neuen Häuser,
te trzydzieści trzy nowe domy
diese 33 neuen Häuser.

b) Personalform

Die Zahlen von **2** bis **4** haben je zwei Personalformen, die sich in der Art des syntaktischen Anschlusses unterscheiden. Nach den Zahlen *dwaj, trzej, czterej* steht das gezählte Substantiv im Nominativ Plural, nach den Zahlen *dwóch, trzech, czterech* im Genitiv Plural:

dwaj, trzej, czterej + Nom Pl	dwóch, trzech, czterech + Gen Pl

vgl.:

2	**dwaj** chłopcy, uczniowie zwei Jungen, Schüler	**dwóch** chłopców, uczniów
3	**trzej** chłopcy, uczniowie drei Jungen, Schüler	**trzech** chłopców, uczniów
4	**czterej** chłopcy, uczniowie	**czterech** chłopców, uczniów

Die linke Variante mit dem Nominativ Plural ist nur auf die Zahlen 2 bis 4 anwendbar, die rechte Genitivvariante gilt dagegen für viele zusammengesetzte Zahlwörter und Anwendungssituationen. Präge dir daher vor allem die rechte Variante mit der Genitivkonstruktion ein.

Ab der Zahl **5** gibt es jeweils nur die Personalform auf **-u** (außer bei *dwóch, trzech, czterech* in Zusammensetzungen); nach diesen Formen steht immer der Genitiv Plural, vgl.:

5	**pięciu** chłopców, uczniów
22	**dwudziestu dwóch** chłopców, uczniów
131	**stu trzydziestu jeden** chłopców, uczniów
857	**ośmiuset pięćdziesięciu siedmiu** chłopców, uczniów

---

4. Gebrauch der Kardinalzahlwörter im Satz
Bildet eine Wortgruppe aus Zahlwort und Substantiv das Subjekt des Satzes, steht das Prädikatsverb entweder im Singular oder Plural:

Bei Zahlwörtern, nach denen das gezählte Substantiv im Nominativ Plural folgt, – also Personalmaskulina nach den Formen *dwaj*, *trzej*, *czterej* sowie alle nicht personalmaskulinen Substantive nach Zahlen mit 2 bis 4 – steht auch das Verb im Plural:

Na biurku **stoją dwa komputery**.
Auf dem Schreibtisch stehen zwei Computer.
Na stole **leżą dwadzieścia cztery zeszyty**.
Auf dem Tisch liegen 24 Hefte.
Dwaj chłopcy siedzą / siedzieli *na ławce*.
Zwei Jungen sitzen / saßen auf der Bank.

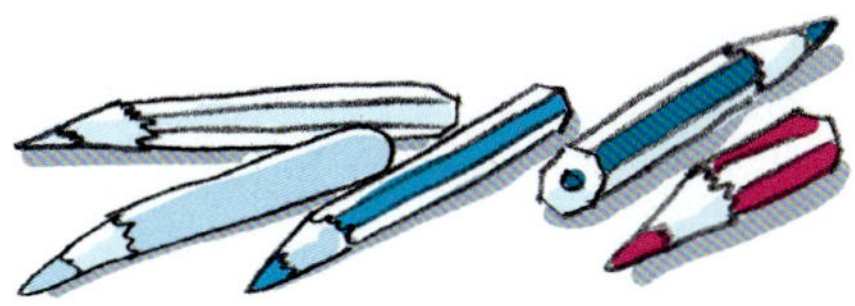

In Wortgruppen mit Zahlwörtern, die den Genitiv Plural der nachfolgenden Substantive fordern – die Personalformen *dwóch*, *trzech*, *czterech* sowie alle Zahlen von 5 bis 21, 25 bis 31 usw. –, steht das Verb im Präsens in der 3. Person Singular, im Präteritum in der 3. Person Singular Neutrum:

Na biurku **leży / leżało pięć ołówków.**
Auf dem Schreibtisch liegen / lagen 5 Bleistifte.
Na stole **leży dwadzieścia osiem** *zeszytów*.
Auf dem Tisch liegen 28 Hefte.
Dwóch chłopców siedzi / siedziało *na ławce*.
Zwei Jungen sitzen / saßen auf der Bank.

Adjektivische und pronominale Attribute stehen im gleichen Kasus wie die Substantive:

Tych dwóch małych chłopców siedzi *na ławce*.
Diese zwei kleinen Jungen sitzen auf der Bank.
Tych dwóch małych chłopców siedziało *na ławce*.
Diese zwei kleinen Jungen saßen auf der Bank.

---

§47 Ordinalzahlwörter

Ordinalzahlwörter *(liczebniki porządkowe)* werden adjektivisch dekliniert und stimmen mit dem Substantiv in Genus, Kasus und Numerus überein.

Die zweigliedrigen Ordinalzahlwörter von **21** bis **99** bestehen aus zwei Ordinalzahlwörtern, z. B. *dwudziesty drugi* zweiundzwanzigster, *szcześćdziesiąty piąty* fünfundsechzigster.
Beide Zahlen werden dekliniert:
Genitiv *sześćdziesiątego piątego.*

In mehrgliedrigen Ordinalzahlwörtern wie **101** bis **199**, **201** bis **999**, **1 001** usw. sind nur die letzten beiden Zahlen Ordinalzahlen, während die Hunderter und Tausender mit der Kardinalzahl benannt werden, z. B. **102** *sto drugi*, **455** *czterysta pięćdziesiąty piąty*, **1 231** *tysiąc dwieście trzydziesty pierwszy*.
In diesen Zahlen werden nur die Ordinalzahlen dekliniert: Genitiv *tysiąc dwieście trzydziestego pierwszego.*

! Beachte auch hier wieder die voneinander abweichende Abfolge der Teilzahlen in zusammengesetzten Zahlen im Deutschen und Polnischen!

G

Zahlwörter

§47

Die Ordinalzahlen im Überblick

1.	pierwszy	**11.**	jedenasty	**30.**	trzydziesty	**400.**	czterechsetny
2.	drugi	**12.**	dwunasty	**40.**	czterdziesty	**500.**	pięćsetny
3.	trzeci	**13.**	trzynasty	**50.**	pięćdziesiąty	**600.**	sześćsetny
4.	czwarty	**14.**	czternasty	**60.**	sześćdziesiąty	**700.**	siedemsetny
5.	piąty	**15.**	piętnasty	**70.**	siedemdziesiąty	**800.**	osiemsetny
6.	szósty	**16.**	szesnasty	**80.**	osiemdziesiąty	**900.**	dziewięćsetny
7.	siódmy	**17.**	siedemnasty	**90.**	dziewięćdziesiąty	**1 000.**	tysięczny
8.	ósmy	**18.**	osiemnasty	**100.**	setny	**2 000.**	dwutysięczny
9.	dziewiąty	**19.**	dziewiętnasty	**200.**	dwusetny	**10 000.**	dziesięciotysięczny
10.	dziesiąty	**20.**	dwudziesty	**300.**	trzechsetny	**100 000.**	stutysięczny

Im Unterschied zum Deutschen werden im Polnischen bei der Angabe der Uhrzeit und des Datums Ordinalzahlen gebraucht. Auf die Frage *Która jest godzina?* Wie spät ist es? lautet die Antwort: *Jest godzina druga, szósta, siedemnasta, dwudziesta* usw. Es ist zwei, sechs, siebzehn, zwanzig Uhr.

Bei der Angabe der Jahreszahl, z. B. *im Jahre 1989*, sind die letzten beiden Zahlen Ordinalzahlen: *w roku tysiąc dziewięćset* **osiemdziesiątym dziewiątym**, z. B.
Urodziłem się w roku tysiąc dziewięćset dziewięćdziesiątym drugim.
Ich wurde im Jahre 1992 geboren.

Ordinalzahlwörter

---

§48

§48 Kollektivzahlwörter

Im Polnischen gibt es so genannte Sammel- oder Kollektivzahlen *(liczebniki zbiorowe)*, die in bestimmten Fällen anstelle der Kardinalzahlen verwendet werden. Das Deutsche kennt sie nicht.

a) Bildung

2	dwoje	**7**	siedmioro	**12**	dwanaścioro	**17**	siedemnaścioro
3	troje	**8**	ośmioro	**13**	trzynaścioro	**18**	osiemnaścioro
4	czworo	**9**	dziewięcioro	**14**	czternaścioro	**19**	dziewiętnaścioro
5	pięcioro	**10**	dziesięcioro	**15**	piętnaścioro	**20**	dwadzieścioro
6	sześcioro	**11**	jedenaścioro	**16**	szesnaścioro	**30**	trzydzieścioro

Kollektivzahlen werden von den Kardinalzahlen abgeleitet und sind an der Endung *-oro* zu erkennen (Ausnahme: *dwoje* und *troje).* Zu den Kollektivzahlen zählen auch *oboje / obydwoje* (beide = gemischtgeschlechtlich) sowie *kilkoro* (von *kilka* = mehrere, gemischtgeschlechtlich), *kilkanaścioro* (mehrere, Zahl zwischen 10 und 20). Von *zero, jeden, sto, tysiąc, milion, miliard* usw. können keine Kollektivzahlen gebildet werden.

b) Gebrauch

Kollektivzahlen werden verwendet
- bei Substantiven, die nur im Plural vorkommen (Pluraliatantum), z. B. *pięcioro skrzypiec* fünf Geigen, *troje drzwi* drei Türen;
- bei Substantiven, die paarweise vorkommende Dinge bezeichnen, z. B. *dwoje oczu, uszu, rąk* zwei Augen, Ohren, Hände (aber auch: *dwie ręce* zwei Hände);

Kollektivzahlwörter

- bei Kindern und anderen jungen Lebewesen, z. B. *czworo dzieci* vier Kinder, *siedmioro piskląt* sieben Küken, *dziewięcioro kacząt* neun Entenküken.

- bei Personengruppen mit gemischtem Geschlecht, z. B. *sześcioro ludzi* sechs Personen, d. h. sechs Männer und Frauen, *pięcioro uczniów* fünf Schülerinnen und Schüler, *jedenaścioro uczestników* elf Teilnehmerinnen und Teilnehmer.

! Wenn Personenbezeichnungen mit einer Kollektivzahl verwendet werden, ist dies ein sicherer Hinweis darauf, dass mindestens eine männliche Person zur Gruppe gehört, z. B. *dwoje ludzi* = 1 Mann und 1 Frau.

Zusammengesetzte Sammelzahlen wie *dwadzieścioro dwoje* (22), *pięćdziesięcioro sześcioro* (56) werden heute kaum noch verwendet. Meist sind nur noch die ersten zehn Zahlen bis max. 20 sowie *kilkoro* einige, *kilkanaścioro* (mehr als ein Dutzend) im Gebrauch.

Immer häufiger ersetzt man Kollektivzahlen durch Kardinalzahlen bzw. umgeht sie mit anderen Konstruktionen, z. B. statt *dwoje spodni* zwei Hosen durch *dwie pary spodni* zwei Paar Hosen; oder man weicht auf die substantivischen Zahlen (siehe §50) *dwójka* die Zwei, *trójka* die Drei, *czwórka* die Vier usw. aus, z. B. für *czworo dzieci* vier Kinder > *czwórka dzieci*.

c) Deklination und syntaktische Merkmale

Kollektivzahlwörter unterscheiden nicht zwischen Personal- und Sachform. Die Deklination folgt dem Muster der Neutra, es wird allerdings ein -**g**- eingeschoben:

	2	4	5	kleine Kinder	meine Schüler
Nom	dwoje	czworo	pięcioro	małych dzieci	moich uczniów
Gen	dwoj**g**a	czwor**g**a	pięcior**g**a	małych dzieci	moich uczniów
Dat	dwoj**g**u	czwor**g**u	pięcior**g**u	mał**ym** dzieci**om**	mo**im** uczni**om**
Akk	dwoje	czworo	pięcioro	małych dzieci	moich uczniów
Instr	dwoj**g**iem	czwor**g**iem	pięcior**g**iem	małych dzieci	moich uczniów
Lok	dwoj**g**u	czwor**g**u	pięcior**g**u	mał**ych** dzieci**ach**	moich uczni**ach**

Oboje / obydwoje folgen dem Muster von *dwoje*.

Kollektivzahlen verhalten sich ab **5** aufwärts syntaktisch fast wie Kardinalzahlen: Wie die obige Tabelle zeigt, verlangen diese Zahlen von den nachfolgenden gezählten Substantiven und ihren Attributen den Genitiv Plural (Rektion) mit Ausnahme des Dativ und Lokativ (Kongruenz).

Ist die Kollektivzahl Bestandteil des Subjekts im Satz, so muss das Verb in der 3. Person Singular stehen, im Präteritum in der 3. Person Singular Neutrum:
Dwoje dzieci bawi / bawiło się na podwórku.
Zwei Kinder spielen / spielten auf dem Hof.

? Welchen Unterschied gibt es zwischen den folgenden Formen a) grammatisch und b) in der Bedeutung?

zwei Schüler	vier Polen	drei Sportler
A. dwóch uczniów	**A.** czworo Polaków	**A.** trzech sportowców
B. dwoje uczniów	**B.** czterech Polaków	**B.** troje sportowców
C. dwaj uczniowie	**C.** czterej Polacy	**C.** trzej sportowcy

G

Zahlwörter

§49

§49 Unbestimmte (indefinite) Kardinalzahlwörter

Unbestimmte (indefinite) Kardinalzahlwörter

Die Tabelle zeigt die häufigsten unbestimmten Zahlwörter *(liczebniki nieokreślone)* im Polnischen. Dabei gibt es einige Zahlen, die im Deutschen keine Entsprechung haben und daher umschrieben werden müssen, dazu gehören: *kilkanaście, kilkadziesiąt, kilkaset*:

Sachform	Personalform	Kollektivzahl	Bedeutung
kilka	kilku	kilkoro, Gen kilkorga	einige
kilkanaście	kilkunastu	kilkanaścioro, Gen kilkanaściorga	(Zahl zwischen 11 und 20) mehr als 10, über ein Dutzend
kilkadziesiąt	kilkudziesięciu	kilkadziesięcioro, Gen kilkadziesięciorga	wörtl. mehrere Zehner, einige zehn; -zig
kilkaset	kilkuset		mehrere, einige Hundert
wiele; niewiele	wielu; niewielu		viel; nicht viel, wenig

Unbestimmte Zahlwörter verfügen auch über eine Personalform in Verbindung mit Personalmaskulina, einige auch über eine Kollektivzahl.

Die Deklination und der syntaktische Gebrauch entsprechen den Kardinalzahlen ab **5** aufwärts: In den meisten abhängigen Kasus lautet die Endung -**u**, die bei den zusammengesetzten Zahlen an beide Komponenten angefügt wird: *kilka,* Genitiv *kilku; kilkanaście, kilk***u***nast***u***; kilkadziesiąt, kilk***u***dziesięci***u***; kilkaset, kilk***u***set* usw. Nur im Instrumental gibt es die Nebenform *kilkoma.*

Wie Kardinalzahlen ab **5** aufwärts regieren auch die unbestimmten Zahlwörter den Genitiv Plural, das Verb des Satzes steht dabei in der 3. Person Singular (Neutrum):
Przyjedzie / przyjechało kilkunastu uczniów z Polski.
Es kommen / kamen über ein Dutzend Schüler aus Polen.

§50

§50 Substantivierte Zahlwörter

Substantivierte Zahlwörter

Sehr verbreitet und vielseitig einsetzbar sind im Polnischen die von Zahlwörtern mithilfe des Suffixes -**ka** abgeleiteten Substantive für die Zahlen bis 20 sowie die Zehner- und Hunderterreihen:

1	jedynka	13	trzynastka
2	dwójka	14	czternastka
3	trójka	15	piętnastka
4	czwórka	16	szesnastka
5	piątka	17	siedemnastka
6	szóstka	18	osiemnastka
7	siódemka	19	dziewiętnastka
8	ósemka	20	dwudziestka
9	dziewiątka	30	trzydziestka
10	dziesiątka	40	czterdziestka
11	jedenastka	90	dziewięćdziesiątka
12	dwunastka	100	setka

Im Deutschen lautet die Entsprechung *die / eine Eins, die / eine Zwei* usw. bzw. umgangssprachlich *der Einser, Zweier, Dreier* usw.

Vor allem in der polnischen Umgangssprache werden diese Zahlwörter oft verwendet, um eine Sache zu bezeichnen, die die entsprechende Nummer trägt, z. B. Schulnoten, Namen von Münzen und Geldscheinen, eine Gruppe mit einer Anzahl von Personen, Hausnummern, Zimmernamen, Lebensalter, Verkehrsmittel wie Straßenbahnen und Busse, Schuh- und Kleidergrößen usw., vgl.:
Jadę jedenastką.
Ich fahre mit der Straßenbahn, dem Bus Nr. 11.
Zwyciężyła nasza jedenastka.
Unsere (Fußball)Elf hat gewonnen.
Jechał setką.
Er fuhr mit der Straßenbahn, dem Bus Nr. 100.
Kierowca jechał setką.
Der Kraftfahrer fuhr mit 100 km/h (mit hundert Sachen).
Chłopak dostał trójkę z matematyki.
Der Junge hat in Mathematik die Note 3, eine Drei erhalten.

Durch die Verwendung substantivischer Zahlen werden gegenwärtig immer öfter auch Konstruktionen mit recht komplizierten Kollektivzahlen umgangen (siehe § 48):

Dwójka małych dzieci bawiła się na podwórku. Zwei kleine Kinder spielten auf dem Hof. Anstelle von: *Dwoje małych dzieci bawiło się na podwórku.*

---

§51 Bruchzahlwörter

Der Zähler steht in der Kardinalzahl, der Nenner in der Ordinalzahl. Da das mitgedachte Bezugswort *część* (Teil) feminin ist, haben die Zahlen **1** und **2** eine feminine Endung, vgl. 1/4 (część) = *jedna czwarta*, 2/3 = *dwie trzecie.*

Im Deutschen steht im Nenner die besondere Form der Ordnungszahl *Drittel, Viertel, Fünftel* usw.

Zähler = Grundzahl	ein **jedna**
Nenner = Ordnungszahl	Drittel **trzecia**

Bruchzahlen *(liczebniki ułamkowe)* haben im Zähler die gleiche Rektion wie Kardinal- und Kollektivzahlen, d. h. die Zahlen 2 bis 4 verlangen den Nominativ Plural, Zahlen ab 5 im Zähler verlangen den Genitiv Plural:

1/4	**jedna czwarta**	2/3	**dwie trzecie**
1/5	**jedna piąta**	3/4	**trzy czwarte**
1/3	**jedna trzecia**	7/10	**siedem dziesiątych**
1/6	**jedna szósta**	5/6	**pięć szóstych**
1/10	**jedna dziesiąta**	5/100	**pięć setnych**
1/100	**jedna setna**	6/1000	**sześć tysięcznych**

Das Substantiv nach der Bruchzahl steht immer im Genitiv Singular, z. B.
*Milimetr to jedna tysięczna metr***a**.
Der Millimeter ist ein tausendstel Meter.

Bruchzahlwörter werden wie Kardinal- und Ordinalzahlwörter dekliniert, z. B. *około jednej trzeciej* ungefähr ein Drittel.

Unveränderliche substantivische Bruchzahlwörter sind *ćwierć* Viertel, *pół* halb sowie Maskulinum, Neutrum *półtora* / Femininum *półtorej* anderthalb. Das auf sie folgende Substantiv steht im Genitiv Singular, vgl. *ćwierć jabłka* ein viertel Apfel, *pół roku* ein halbes Jahr, *pół szklanki mleka* ein halbes Glas Milch, *półtora roku* anderthalb Jahre, *półtorej godziny* anderthalb Stunden.

H Präpositionen

§52

§52 Rund um die Präpositionen

Präpositionen *(przyimki)* stellen Bedeutungsbeziehungen zwischen Substantiven bzw. Pronomen her, meist sind es lokale oder temporale Beziehungen. Präpositionen entfalten dabei ihre Bedeutung erst im Kontext mit dem Wort, zu dem sie gehören. Daher lässt sich die konkrete Bedeutung einer Präposition außerhalb des Textes nicht genau bestimmen. Präpositionen fordern (regieren) bestimmte Kasus des Substantivs. Pronomen sind nicht deklinierbar.

Dem im Vergleich zum Deutschen viel breiteren Gebrauch des Genitivs im Polnischen entspricht eine ebenso größere Vielfalt an Präpositionen, die den Genitiv regieren.

Es gibt einfache Präpositionen, wie *przy* (bei), *w* (in, an), *pod* (unter) und solche, die aus einer Substantivgruppe entstanden sind, wie *podczas* (während), *naprzeciw* (entgegen), *wewnątrz* (innerhalb), *zewnątrz* (außerhalb), *obok* (neben). Einige dieser so entstandenen Präpositionen werden auch getrennt geschrieben, vgl.
na skutek (infolge),
przy pomocy, *za pomocą* (mit Hilfe von; mittels),
w celu (zwecks, zum Zweck),
z powodu (wegen).

Darüber hinaus kennt das Polnische Präpositionen, die sich aus zwei Präpositionen zusammensetzen, z. B. *ponad* (< *po* + *nad*) – über (hinaus), *zza* (< *z* + *za*) – hinter … hervor, *poza* (< *po* + *za*) – außer, *spod* (< *z* + *pod*) – unter … hervor, vgl. *Wyjdź spod stołu!* Komm unter dem Tisch hervor!, *wszyscy poza tobą* alle außer dir. Auch drei Präpositionen sind möglich, vgl. *spoza* (< *z* + *po* + *za*) – von außerhalb, z. B. *towary spoza Unii Europejskiej* Waren, die außerhalb der EU produziert wurden.

Kommt es zu einer Konsonantenhäufung zwischen Präposition und Substantiv bzw. Pronomen, wird an die Präposition ein **-e** angefügt: *ode mnie* von mir, *ze mną* mit mir, *ze wsi* vom Lande, vom Dorf. Die Betonung fällt dann bei einsilbigen Substantiven bzw. Pronomen auf das eingefügte **-e**: od**e** mnie, z**e** wsi.

Es gibt wie im Deutschen auch Wechselpräpositionen, die zwei oder mehr Kasus regieren. Welcher Kasus konkret gefordert wird, hängt bei lokalen Präpositionen davon ab, ob die Richtung gemeint ist (Frage: wohin?), oder der Ort (Frage: wo?). Dabei gibt es folgende Möglichkeiten:

a) Präpositionen mit *Akkusativ* (Frage: wohin?) und *Lokativ* (Frage: wo?): **na**, **w**, **o**, **po**, z. B.
Ołówek spadł na podłogę.
Der Bleistift fiel (wohin?) auf den Boden.
Ołówek leży (gdzie?) na podłodze.
Der Bleistift liegt (wo?) auf dem Boden.

b) Präpositionen mit *Akkusativ* (Frage: wohin?) und *Instrumental* (Frage: wo?): **między**, **nad**, **pod**, **poza**, **przed**, **za**, z. B.
jechać nad morze
(wohin?) ans Meer fahren,
odpoczywać nad morzem
(wo?) am Meer Urlaub machen.

c) Präposition **z(e)** mit *Genitiv* (Frage: woher?) und *Instrumental* (Frage: womit?), vgl.
wracać z podróży
von der Reise zurückkehren,
pić kawę z mlekiem
Kaffee mit Milch trinken.

Präpositionen

Die Übersicht zeigt die wichtigsten polnischen Präpositionen:

Kasus	Präposition	dt.	Frage	Beispiele
Gen	bez	ohne	wie?	**bez ciebie** – ohne dich
	dla	für	für wen?	**prezent dla siostry** – ein Geschenk für die Schwester
	do	bis, nach bis zu	wohin? wie lange? wozu?	**pociąg do Krakowa** – der Zug nach Krakau **do wieczora** – bis zum Abend **książka do słuchania** – ein Buch zum Hören; Hörbuch
	dookoła	um (herum)	wohin?	**podróż dookoła świata** – eine Reise um die Welt
	koło	neben, bei; gegen, ungefähr	wo? wann? wie viel?	**koło mnie** – neben mir **koło północy** – gegen Mitternacht **koło dwudziestu metrów** – ungefähr 20 Meter
	naprzeciw(ko)	gegenüber	wo?	**naprzeciw poczty** – gegenüber der Post
	obok	neben	wo?	**obok mnie** – neben mir
	od od ... do...	von (her) seit von ... bis	von wo? von wem? seit wann? wann?	**Ciągnie od okna.** – Es zieht vom Fenster (her). **list od ojca** – der Brief vom Vater **od zeszłego roku** – seit vergangenem Jahr **od rana do wieczora** – von morgens bis abends
	około	ungefähr	wann? wie viel?	**około szóstej** – gegen 6 Uhr **około metra** – ungefähr ein Meter
	oprócz	außer	wie viel?	**wszyscy oprócz mnie** – alle außer mir
	podczas	während	wann?	**podczas wakacji** – während der Ferien
	u	bei	wo?	**mieszkać u rodziców** – bei den Eltern wohnen
	według	gemäß, nach	wonach?	**według mnie** – meiner Meinung nach **według planu** – gemäß dem Plan, planmäßig
	wśród	unter, inmitten, mitten unter	wo?	**być wśród najlepszych** – unter den Besten sein **wśród tłumu ludzi** – mitten unter der Menschenmenge
	z(e)	aus vor von	woher? woraus?	**wychodzić z domu** – aus dem Haus **pierścionek ze złota** – ein Ring aus Gold **skakać z radości** – vor Freude springen **najmłodszy z nich** – der Jüngste von ihnen
	za	während, unter	wann?	**za komunizmu** – während des Kommunismus **za króla Sasa** – unter dem Sachsenkönig
	zamiast	anstelle, statt		**pić herbatę zamiast kawy** – Tee statt Kaffee trinken

Kasus	Präposition	dt.	Frage	Beispiele
Dat	dzięki	dank		**dzięki tobie** – dank deiner
	przeciw(ko)	gegen		**tabletki przeciw grypie** – Tabletten gegen Grippe
	wbrew	(ent)gegen	wogegen?	**wbrew woli ojca** – gegen den Willen der Vaters
	naprzeciw(ko)	entgegen	wohin?	**wyjść komuś naprzeciw** – jdm entgegen gehen / kommen

Präpositionen

§52

Kasus	Präposition	dt.	Frage	Beispiele
Akk	między	zwischen unter	wohin?	**włożyć zakładkę miedzy kartki** – ein Lesezeichen zwischen die Blätter legen **podzielić cukierki między dzieci** – Bonbons unter die Kinder verteilen
	na	auf, zu auf, für	wohin? wie lange?	**iść na dworzec** – zum Bahnhof gehen **wyjść na moment** – für (auf) einen Augenblick hinausgehen **regał na książki** – Regal für Bücher, Bücherregal **wyjechać na cały rok** – für ein ganzes Jahr wegfahren
	nad	an (Gewässer)	wohin?	**pojechać na wczasy nad morze** – im Urlaub ans Meer fahren
	o	um	wofür? worum?	**walczyć o wolność** – um die Freiheit kämpfen **martwić się o przyszłość, o dzieci** – sich um die Zukunft, die Kinder Sorgen machen
	po	um, nach bis an zu (Preisangabe)	worum? wonach? bis wohin? wie viel?	**iść po chleb** – Brot holen **stać w wodzie po kostki** – bis an die Knöchel im Wasser stehen **bilety po trzydzieści złotych** – Karten für (à) dreißig Zloty
	pod	unter gegen, um ... herum	wohin? wann?	**zamiatać coś pod dywan** – etw. unter den Teppich kehren; **pod koniec roku** – um das Jahresende (herum); **pod wieczór** – gegen Abend
	ponad	über ... (hinaus)	wohin?	**wzbić się ponad chmury** – sich über die Wolken erheben **praca ponad siły** – eine Arbeit über die Kräfte hinaus
	przed	vor	wohin?	**Ludzie wyszli przed ratusz.** – Die Menschen zogen vor das Rathaus.
	przez	durch, über, hindurch	wohin? wie lange?	**biegać przez park** – durch den Park laufen **Droga prowadziła przez most.** – Der Weg führte über eine Brücke. **Kasy były nieczynne przez godzinę.** – Die Kassen waren eine Stunde lang geschlossen.
	w(e)	in an	wohin? wann?	**jechać w góry** – in die Berge fahren **we wtorek** – am Dienstag
	za	hinter für in	wohin? wofür? wann?	**jechać za granicę** – ins Ausland fahren **za tydzień, za miesiąc, za rok** – in einer Woche, einem Monat, Jahr

Kasus	Präposition	dt.	Frage	Beispiele
Instr	między	zwischen unter	wo? wie?	**czytać między wierszami** – zwischen den Zeilen lesen; **mówiąc między nami** – unter uns gesagt
	nad	über an (Gewässer)	wo?	**Nad biurkiem wisi lampa.** – Über dem Schreibtisch hängt eine Lampe. **Kołobrzeg leży nad Bałtykiem.** – Kolberg liegt an der Ostsee.
	pod	unter	wo?	**Pies leży pod stołem.** – Der Hund liegt unter dem Tisch.
	przed	vor	wo?	**spotkać się przed kinem** – sich vor dem Kino treffen
	z(e)	mit	mit wem?	**Długo rozmawiał z rodzicami.** – Er redete lange mit den Eltern.
	za	hinter	wo?	**Księżyc schował się za chmurami.** – Der Mond versteckte sich hinter den Wolken.

Kasus	Präposition	dt.	Frage	Beispiele
Lok	**na**	auf, in	wo?	**siedzieć na ławce** – auf der Bank sitzen **mieszkać na Śląsku** – in Schlesien wohnen
	o	über um	worüber?	**dyskutować o nowej książce** – über das neue Buch diskutieren **Teatr zaczyna się o ósmej.** – Das Theater beginnt um 8 Uhr.
	po	nach durch	wann? wo?	**Spotkamy się po wakacjach.** – Wir treffen uns nach den Ferien. **Przewodnik po Polsce** – Reiseführer durch Polen
	ponad	über	wo?	**lecieć wysoko ponad chmurami** – hoch über den Wolken fliegen
	przy	bei, an	wo?	**spać przy otwartym oknie** – bei offenem Fenster schlafen **Rower stał przy drzwiach.** – Das Fahrrad stand an der Tür. **Przy domu jest piękny ogród.** – Am Haus ist ein schöner Garten.
	w(e)	in	wo? wann?	**bawić się w parku** – im Park spielen **W lipcu są wakacje.** – Im Juli sind Ferien.

I Einiges aus der Syntax

In der Syntax *(składnia)* interessieren uns der Bau des Satzes, also dessen „Bauteile“, die Satzglieder *(części zdania)*, sowie die Art und Weise, wie und in welcher Reihenfolge diese im Satz miteinander verbunden werden. Die meisten dieser Fragen werden in den Kapiteln zu den einzelnen Wortarten beantwortet. In diesem Kapitel findest du einige Ergänzungen, insbesondere zum zusammengesetzten Satz.

§53 Der zusammengesetzte (komplexe) Satz

Wie im Deutschen werden auch im Polnischen bei den zusammengesetzten Sätzen *(zdania złożone)* *Satzverbindungen* und *Satzgefüge* unterschieden.

1. Satzverbindung

Eine Satzverbindung *(zdanie współrzędnie złożone)* besteht aus Hauptsätzen, die nicht voneinander abhängig sind und auch selbstständig stehen können.
Marek odrobi lekcje. Marek pójdzie do kina.
Marek odrobi lekcje i pójdzie do kina.
Marek odrobi lekcje, (a) potem pójdzie do kina.
Marek erledigt die Hausaufgaben. Marek geht ins Kino.
Marek erledigt die Hausaufgaben und geht ins Kino.
Marek erledigt die Hausaufgaben, (und) dann geht er ins Kino.

Satzverbindungen können mit und ohne Konjunktion stehen. Folgende Konjunktionen verbinden zwei Hauptsätze:

Anreihung (kopulativ): *i* und, *oraz* sowie, *więc* deshalb, also.
Niebo się chmurzy, więc będzie deszcz.
Der Himmel ist bewölkt, also wird es regnen.

Ausschluss (disjunktiv): *albo, lub* oder, *albo ... albo* entweder ... oder
Ewa i Joanna pojadą latem na obóz **albo** *zostaną w mieście.*
Ewa und Joanna fahren im Sommer ins Ferienlager oder bleiben in der Stadt.

Gegensatz (adversativ): *a, ale, lecz* aber, *podczas gdy* während, *natomiast* dagegen
Ja pracuję, **a** *ona śpi.*
Ich arbeite und sie schläft / doch sie schläft.
Na wycieczce było zimno, **ale** *nie rozchorowałem się.*
Auf der Wanderung war es kalt, aber ich bin nicht krank geworden.

Folge (konsekutiv): *dlatego* deshalb, *zatem* daher, *wobec tego* in Anbetracht
Nie mam czasu, **dlatego** *nie pójdę z wami do kina.*
Ich habe keine Zeit, deshalb gehe ich nicht mit euch ins Kino.

2. Satzgefüge

Ein Satzgefüge *(zdanie podrzędnie złożone)* besteht mindestens aus einem Hauptsatz und einem Nebensatz, der dem Hauptsatz untergeordnet ist. Ein Nebensatz kann nicht allein stehen, er ist vom Hauptsatz abhängig. Der Nebensatz steht meist am Satzende, kann aber mit einigen Ausnahmen auch den Satzanfang bilden.

3. Arten von Nebensätzen

Wir unterscheiden bei den Nebensätzen *(zdania podrzędne)* nach der Art, wie sie mit dem Hauptsatz verbunden werden, *Relativsätze, Konjunktionalsätze* und *indirekte Fragesätze.*

Relativsätze werden durch ein Relativpronomen (z.B. *który, jaki* welcher) eingeleitet. Der Kasus des Relativpronomens hängt von seiner grammatischen Funktion im Nebensatz ab, Genus und Numerus vom übergeordneten Satz, vgl.
Spotkałem **kolegę, którego** *długo nie widziałem.*
Ich habe einen Schulfreund getroffen, den ich lange nicht gesehen habe.
Jest to **film, o którym** *wszyscy mówią.*
Das ist ein Film, über den alle reden.

Konjunktionalsätze

Vor allem adverbiale Nebensätze werden durch eine Konjunktion eingeleitet.
Nie wiem, **kiedy** *wrócę ze szkoły.*
Ich weiß nicht, wann ich aus der Schule komme.

Indirekte Fragesätze

Nie wiem, **co** *robisz.*
Ich weiß nicht, was du tust.
Nie wiem, **kto** *to powiedział.*
Ich weiß nicht, wer das gesagt hat.

Das konjugierte Verb behält im polnischen Nebensatz die Hauptsatzstellung bei, im Deutschen dagegen rückt der konjugierte Teil des Verbs im Nebensatz an das Satzende, vgl.
Kto to powiedział*?*
Wer *hat* das *gesagt*?
Wiem, **kto to powiedział**.
Ich weiß, wer das *gesagt hat*.

Nebensätze stehen jeweils für ein Satzglied des Hauptsatzes, dementsprechend teilt man sie nach ihrer grammatischen Bedeutung ein in Subjekt-, Prädikat-, Objekt-, Attribut- und Adverbialsätze.

---

4. Adverbiale Nebensätze

Adverbiale Nebensätze *(zdania podrzędne okolicznikowe)* ersetzen bzw. entfalten eine Adverbialbestimmung *(okolicznik)* im Hauptsatz, dementsprechend haben sie die adverbialen Bedeutungen, wie du sie aus der deutschen Grammatik kennst. Nachfolgend werden die wichtigsten genannt.

Satzart	Frage	Konjunktionen
Temporalsatz	**kiedy?** wann?, **od kiedy?** seit wann?, **jak długo?** wie lange?	**kiedy, gdy** als, wenn, **podczas gdy** während, **zanim** bevor, **dopóki** solange

Kiedy/gdy wracaliśmy, było już późno. Als wir zurückkehrten, war es schon spät.
Kiedy/gdy skończyłem liceum, poszedłem na studia. Als ich das Lyzeum abgeschlossen hatte, nahm ich ein Studium auf.
Chodźmy stąd, **zanim** odjedzie ostatni tramwaj. Lasst uns losgehen, bevor (uns) die letzte Straßenbahn davonfährt.
Dopóki świeciło słońce, było ciepło. Solange die Sonne schien, war es warm.

Satzart	Frage	Konjunktionen
Lokalsatz	**gdzie?** wo? **skąd?** woher? **dokąd?** wohin? **którędy?** wo entlang?	**gdzie** wo, **skąd** woher, **dokąd** wohin, **którędy** wo entlang

Gdzie kucharek sześć, tam nie ma co jeść.
(wörtl. Wo sechs Köchinnen sind, gibt es nichts zu essen.) Sprichw. Viele Köche verderben den Brei.
Powiedz mi, **dokąd** wybierasz się po maturze. Sag mir, wohin du nach dem Abitur gehst.
Nie wiem, **którędy** mamy iść. Ich weiß nicht, in welche Richtung / wo entlang wir gehen sollen.

Einiges aus der Syntax

Satzart	Frage	Konjunktionen
Modalsatz	**jak?** wie? **w jaki sposób?** auf welche Art und Weise? **jak bardzo?** wie sehr? **w jakim stopniu?** in welchem Maße?	**jak ... tak** wie...so, **jakby** als ob, **im ... tym** je ... desto, um so, **tak, że** so, dass

Jak sobie pościelesz, tak się wyśpisz. (wörtl. Wie du dein Bett machst, so schläfst du.) Sprichw. Wie man sich bettet, so schläft man.
Im bliżej go poznaję, tym bardziej go lubię. Je näher ich ihn kennen lerne, desto mehr mag ich ihn.

Satzart	Frage	Konjunktionen
Kausalsatz	**dlaczego? czemu?** warum?, **z jakiej przyczyny?** aus welchem Grund?, **z jakiego powodu?** aus welchem Anlass?	**gdyż, ponieważ, bo** weil

Joasia nie wychodzi z domu, bo odrabia lekcje. Joasia geht nicht aus dem Haus, weil sie Hausaufgaben erledigt.
Nie mogłem iść do pracy, gdyż byłem chory na grypę. Ich konnte nicht zur Arbeit gehen, weil ich Grippe hatte.
Anmerkung: Kausale Nebensätze können nicht am Anfang stehen.

Satzart	Frage	Konjunktionen
Konditionalsatz	**pod jakim warunkiem?** unter welcher Bedingung?, **w jakim wypadku?** in welchem Fall?	**jeżeli/jeśli, kiedy, gdy** falls/wenn, sofern. (bei irrealen Bedingungen: **jeżeliby/jeśliby, gdyby**)

Jeżeli będę miał czas, to wpadnę do ciebie. Wenn ich Zeit habe, komme ich bei dir vorbei.
Gdybym dostał bilet, przyleciałbym samolotem. Wenn ich ein Ticket kriege, komme ich mit dem Flugzeug.

Satzart	Frage	Konjunktionen
Finalsatz	**po co?** wozu? **na co?** wofür? **w jakim celu?** für welchen Zweck?	**żeby, aby, by** damit, um zu

! Bei unterschiedlichen Subjekten tritt im Nebensatz eine konjugierte Verbform auf:
Zamknęła okno, żeby nam nie przeszkadzał hałas. Sie schloss das Fenster, damit uns der Lärm nicht stört.
Pożyczyłem koledze rower, aby mógł dojechać do domu.
Ich lieh meinem Kumpel das Fahrrad, damit er nach Hause fahren konnte.

! Bei identischen Subjekten sowie in unpersönlichen Sätzen steht das Verb des Nebensatzes im Infinitiv, vgl. auch:
Poszedłem do miasta, aby się spotkać ze znajomymi.
Ich ging in die Stadt, um mich mit Bekannten zu treffen.
Aby dużo umieć, trzeba się dużo uczyć.
Um viel zu können, muss man viel lernen.

Satzart	Frage	Konjunktionen
Konsekutivsatz	**z jakim skutkiem?** mit welcher Folge?	**(tak ...) że ..., żeby, aby, by** so ..., dass, **aż** bis

Był tak zmęczony, że momentalnie usnął. Er war so erschöpft, dass er sofort einschlief.
Połóż się tak, żeby ci było wygodnie. Leg dich so hin, dass es für dich bequem ist.
Krzyczy tak głośno, że uszy bolą. Er schreit (so laut), dass einem die Ohren schmerzen.
Krzyczał tak długo, aż uszy zabolały. Er schrie so lange, bis einem die Ohren schmerzten.

Satzart	Frage	Konjunktionen
Konzessivsatz	**mimo co/czego?** (trotz), **wbrew** (entgegen) **komu/czemu?**, **na przekór komu / czemu?** trotz welchen Umstandes?	**chociaż / choć, jakkolwiek,** **mimo / pomimo że** obwohl, obgleich, wenngleich, ungeachtet dessen, **chociażby / choćby,** auch wenn / wenn auch

Chociaż zauważył swój błąd, nie przyznał się do niego. Obwohl er seinen Fehler bemerkt hatte, bekannte er sich nicht dazu.
Mimo że świeciło słońce, było zimno. Obwohl die Sonne schien, war es kalt.

Unregelmäßige Verben

Wichtige Verben mit schwierigen oder unregelmäßigen Konjugationsformen:

Infinitiv	Präsens/Futur 1.P.Sg	2.P.Sg	3.P.Pl	Präteritum 1.P. Sg m.	2.P.Sg m.	3.P.Pl Pers./Sachf	Imperativ 2.P. Sg
bać się ipf (sich fürchten)	boję się	boisz się	boją się	bałem się	bałeś się	bali / bały się	bój się!
biec / biegnąć ipf (laufen, rennen)	biegnę	biegniesz	biegną	biegłem	biegłeś	biegli / biegły	biegnij!
brać ipf (nehmen)	biorę	bierzesz	biorą	brałem	brałeś	brali / brały	bierz!
być ipf (sein)	jestem	jesteś	są	byłem	byłeś	byli / były	bądź!
chcieć ipf (wollen)	chcę	chcesz	chcą	chciałem	chciałeś	chcieli / chciały	chciej!
chować ipf (verstecken)	chowam	chowasz	chowają	chowałem	chowałeś	chowali / chowały	chowaj!
ciąć pf u. ipf (schneiden)	tnę	tniesz	tną	ciąłem	ciąłeś	cięli / cięły	tnij!
ciągnąć ipf (ziehen)	ciągnę	ciągniesz	ciągną	ciągnąłem	ciągnąłeś	ciągnęli / ciągnęły	ciągnij!
czyścić ipf (reinigen)	czyszczę	czyścisz	czyszczą	czyściłem	czyściłeś	czyścili / czyściły	czyść!
dać pf (geben)	dam	dasz	dadzą	dałem	dałeś	dali / dały	daj!
dawać ipf (geben)	daję	dajesz	dają	dawałem	dawałeś	dawali / dawały	dawaj!
dostać pf (erhalten)	dostanę	dostaniesz	dostaną	dostałem	dostałeś	dostali / dostały	dostań!
dostawać ipf (erhalten)	dostaję	dostajesz	dostają	dostawał	dostawałeś	dostawali / ~wały	dostawaj!
dowiedzieć się pf (erfahren)	dowiem się	dowiesz się	dowiedzą się	dowiedziałem się	dowiedzałeś się	dowiedzieli się / dowiedziały się	dowiedz się!
drzeć pf (reißen)	drę	drzesz	drą	darłem	darłeś	darli / darły	drzyj!
drżeć ipf (zittern)	drżę	drżysz	drżą	drżałem	drżałeś	drżeli / drżały	drżyj!
dziać się (geschehen)	3. Pers Sg dzieje się			działo się			-
gryźć ipf (beißen)	gryzę	gryziesz	gryzą	gryzłem	gryzłeś	gryźli / gryzły	gryź!
grzać ipf (wärmen)	grzeję	grzejesz	grzeją	grzałem	grzałeś	grzali/grzały	grzej!
gwizdać ipf (pfeifen)	gwiżdżę	gwiżdżesz	gwiżdżą	gwizdał	gwizdałeś	gwizdali / gwidzdały	gwiżdż!
iść ipf (gehen)	idę	idziesz	idą	szedłem	szedłeś	szli/szły	idź!
jechać ipf (fahren)	jadę	jedziesz	jadą	jechałem	jechałeś	jechali/jechały	jedź!
jeść ipf (essen)	jem	jesz	jedzą	jadłem	jadłeś	jedli/jadły	jedz!
kląć ipf (fluchen)	klnę	klniesz	klną	kląłem	kląłeś	klęli / klęły	klnij!
kłaść ipf (legen, stellen)	kładę	kładziesz	kładą	kładłem	kładłeś	kładli / kladły	kładź!
kraść ipf (stehlen)	kradnę	kradniesz	kradną	kradłem	kradłeś	kradli/kradły	kradnij!

Anhang

Infinitiv	Präsens/Futur 1.P.Sg	2.P.Sg	3.P.Pl	Präteritum 1.P. Sg m.	2.P.Sg m.	3.P.Pl Pers./Sachf	Imperativ 2.P. Sg
kroić ipf (schneiden)	kroję	kroisz	kroją	kroiłem	kroiłeś	kroili / kroiły	krój!
mieć ipf (haben)	mam	masz	mają	miałem	miałeś	mieli / miały	miej!
móc ipf (können, dürfen)	mogę	możesz	mogą	mogłem (3. P. Sg m mógł)	mogłeś	mogli / mogły	móż!
nazwać pf (nennen)	nazwę	nazwiesz	nazwą	nazwałem	nazwałeś	nazwali / nazwały	nazwij!
nieść ipf (tragen)	niosę	niesiesz	niosą	niosłem (3. P. Sg. m niósł)	niosłeś	nieśli / niosły	nieś!
odejść pf (weggehen)	odejdę	odejdziesz	odejdą	odszedłem f. odeszłam	odszedłeś odeszłaś	odeszli odeszły	odejdź!
odpocząć pf (ausruhen)	odpocznę	odpoczniesz	odpoczną	odpocząłem f. odpoczęłam	odpocząłeś odpoczęłaś	odpoczęli odpoczęły	odpocznij!
paść pf (fallen)	padnę	padniesz	padną	padłem	padłeś	padli/padły	padnij!
piec ipf (backen)	piekę	pieczesz	pieką	piekłem	piekłeś	piekli / piekły	piecz!
płakać ipf (weinen)	płaczę	płaczesz	płaczą	płakałem	płakałeś	płakali / płakały	płacz!
posłać pf (schicken)	poślę	poślesz	poślą	posłałem	posłałeś	posłali / posłały	poślij!
pomóc pf (helfen)	pomogę	pomożesz	pomogą	pomogłem (3. P. Sg m pomógł)	pomogłeś	pomogli / ~mogły	pomóż!
powiedzieć pf (sagen)	powiem	powiesz	powiedzą	powiedziałem	powiedziałeś	powiedzieli / powiedziały	powiedz!
pójść pf (gehen)	pójdę	pójdziesz	pójdą	m. poszedłem f. poszłam	poszedłeś poszłaś	poszli poszły	pójdź!
prać ipf (waschen)	piorę	pierzesz	piorą	prałem	prałeś	prali / prały	pierz!
przyjąć pf (annehmen, empfangen)	przyjmę	przyjmiesz	przyjmą	przyjąłem przyjęłam	przyjąłeś przyjęłaś	przyjęli przyjęły	przyjmij!
przyjść pf ([an]kommen)	przyjdę	przyjdziesz	przyjdą	m. przyszedłem f. przyszłam	przyszedłeś przyszłaś	przyszli przyszły	przyjdź!
puścić pf (loslassen)	puszczę	puścisz	puszczą	puściłem	puściłeś	puścili /puściły	puść!
rozpocząć pf (beginnen)	rozpocznę	rozpoczniesz	rozpoczną	rozpocząłem f. rozpoczęłam	rozpocząłeś rozpoczęłaś	rozpoczęli rozpoczęły	rozpocznij!
rozumieć ipf (verstehen)	rozumiem	rozumiesz	rozumieją	rozumiałem	rozumiałeś	rozumieli / rozumiały	rozumiej!
róść, rosnąć ipf (wachsen)	rosnę	rośniesz	rosną	rosłem (3. P. Sg m. rósł)	rosłeś	rośli / rosły	rośnij!
siąść pf (sich setzen)	siądę	siądziesz	siądą	siadłem	siadłeś	siedli / siadły	siądź!
spać ipf (schlafen)	śpię	śpisz	śpią	spałem	spałeś	spali / spały	śpij!
stać ipf (stehen)	stoję	stoisz	stoją	stałem	stałeś	stali / stały	stój!
stać się pf (werden)	stanę się	staniesz się	staną się	stałem się	stałeś się	stali się / stały się	stań się!
stanąć pf (stehen bleiben)	stanę	staniesz	staną	stanąłem	stanąłeś	stanęli / stanęły	stań!
stawać ipf (stehen)	staję	stajesz	stają	stawałem	stawałeś	stawali / stawały	stawaj!
stawać się ipf (werden)	staję się	stajesz się	stają się	stawałem się	stawałeś się	stawali się / stawały się	stawaj się!

Unregelmäßige Verben

Infinitiv	Präsens/Futur 1.P.Sg	2.P.Sg	3.P.Pl	Präteritum 1.P. Sg m.	2.P.Sg m.	3.P.Pl Pers./Sachf	Imperativ 2.P. Sg
śmiać się ipf (lachen)	śmieję się	śmiejesz się	śmieją się	śmiałem się	śmiałeś się	śmiali / śmieli się / śmiały się	śmiej się!
ubrać się pf (sich anziehen)	ubiorę się	ubierzesz się	ubiorą się	ubrałem się	ubrałeś się	ubrali / ubrały się	ubierz się!
umieć ipf (können)	umiem	umiesz	umieją	umiałem	umiałeś	umieli/umiały	umiej!
umrzeć pf (sterben)	umrę	umrzesz	umrą	umarłem	umarłeś	umarli / umarły	umrzyj!
widzieć ipf (sehen)	widzę	widzisz	widzą	widziałem	widziałeś	widzieli / widziały	(zobacz!)
wiedzieć ipf (wissen)	wiem	wiesz	wiedzą	wiedziałem	wiedziałeś	wiedzieli / ~działy	wiedz!
wieść ipf (führen)	wiodę	wiedziesz	wiodą	wiodłem	wiodłeś	wiedli / wiodły	wiedź!
wieźć ipf (fahren, transportieren)	wiozę	wieziesz	wiozą	wiozłem (3. P. Sg wiózł)	wiozłeś	wieźli / wiozły	wieź!
wstać pf (aufstehen)	wstanę	wstaniesz	wstaną	wstałem	wstałeś	wstali / wstały	wstań!
wziąć pf (nehmen)	wezmę	weźmiesz	wezmą	wziąłem (f. wzięłam / wzięłaś)	wziąłeś	wzięli / wzięły	weź!
zacząć pf (beginnen)	zacznę	zaczniesz	zaczną	zacząłem	zacząłeś	zaczęli / zaczęły	zacznij!
zapomnieć pf (vergessen)	zapomnę	zapomnisz	zapomną	zapomniałem	zapomniałeś	zapomnieli / zapomniały	zapomnij!
zasnąć pf (einschlafen)	zasnę	zaśniesz	zasną	zasnąłem f. zasnęłam	zasnąłeś zasnęłaś	zasnęli zasnęły	zaśnij!
zebrać pf (sammeln)	zbiorę	zbierzesz	zbiorą	zebrałem	zebrałeś	zebrali / zebrały	zbierz!
znaleźć pf (finden)	znajdę	znajdziesz	znajdą	znalazłem	znalazłeś	znaleźli / znalazły	znajdź!

Anhang

Stichwortregister

Das Stichwortregister verweist auf die Seitenzahlen, in denen die angegebenen Stichwörter bzw. grammatischen Erscheinungen im Text zu finden sind.

Stichwortregister